그리움 3

곽 현 의 詩人 세번째 시집

그리움 3

곽현의 詩人 세번째 시집

도서출판 청옥문학사

시작메모

그리움 3,
시집을 내면서
가슴속에 고스란히 남겨진 말을 건네긴
너무나 멀고 먼 길인 것 같아
이렇게, 또다시 날마다 알뜰한 일기장 같이 새겨본
순간순간 복받쳤던 그리움이
파고드는 메스Mes의 날카로운 칼날에서
휘젓기는 것처럼 파헤쳐지고
이미 온몸으로 전이轉移된 아픔을
조심스레 접근해 가며 달래듯 응어리 된 피멍을
치유하려 합니다

어떤 말로 타이르며 접근해 가야 하나요
수없이 되뇌며 그리운 그 모습의 전부를 바로 목전에 두고
이제, 내 여생의 전부를 받치려 합니다
아직은 생명이 있어 맥이 뛰고 있는 것에선 감히 용서를 구해보며
의식이 사라지기 전까지에는
삶의 전부인 그대 모습, 혼연渾然히 내 맘속에 있으니
오늘, 너무 기쁘고 행복합니다

다가갈 수 없는 그녀와의 거리에선
이토록 그리움을 놓치지 않으려는,
끝없이 파문되어온,
이 세상에서 제일 아름다운 모습이었고
제일 고운 목소리이었으며
제일 고결高潔한 사랑이었기에
세상 어디에서든 이르러지지 않을 수 없는
불 같이 복받친 사연을 이렇게, 부끄럼 없이, 그만 드러낸
못난 모습이 되고 말았습니다.

이토록, 사무친, 내 영혼을 불사르려는 애절한
그리움이여!
시詩의 느낌으로 이끌려왔고
시의 유혹으로 매료되었으며
시의 감금으로 온몸이 마취되고 만 모습 앞에서 못 본 채
하며 어떻게 돌아서렵니까
만감이 교차하는 한 해와 또 한 해,
이 수많은 시간에 휩싸여

2012년 2월, 다시 봄을 기다리며...

차 례

제 2 부

당신의 노래는

제 3 부

문학의 모습

차 례

예술과 사랑

내 인생엔
예술과 사랑의 두 가지가 서로 엇나가
언제나 한쪽으로 치우치려 하는
그런
말 못할 슬픔이 언제나 어려 있었다
예술은 사랑을 동경憧憬하듯 했으나
사랑은 예술을 받아들이려는 듯 했으나
서로는 너무나 거리가 멀어
안타깝게도
서로는 서로에서 벗어나려고만 몸부림치며
깊은 쉷음에서 방황하듯 그랬었다

사랑한다는 건
형용할 수 없으리만큼 깊고도
그 깊이만큼 높이도 그리고 넓이도 감당해 내지 못할
생명 이전에서부터 영혼으로 관통하는
위대하고도 장엄하며
환희에서 사뭇 빠져 들어가는
기쁨 그 자체였으나
예술의 경지境地에선
아니라고 말하더군
예술은
내 모든 삶을 포괄하며 간섭하고

질타하기도 어르며 다가오기도
간절히 애원하듯 타이르기도
온통 삶의 고뇌 그 자체를
통째로 끌어안아버린
함부로 접근하려할 수 없는
모습으로
내 모두를 위해 머물러 있는
두려움 같은 편안함으로였기에

오,
사랑도 예술도 거기가 거기인 것 같으면서도
영원히 이승에선 접근할 수 없는 거리인 것 같아
정제精製되지 않았기에
냉철한 이성의 도마 위에서 분해되어야 할
한갓 감성感性의 주장으로서만
언제나 날 망가지게 했었지만
저만큼의 거리에서 애태운!
그 어느 한쪽도 배신할 수 없는!
찢겨질 수 없는!
하나일 수밖에, 그런 염원이었던 것을
사랑의 온전한 깊이와
예술의 화려한 장식에서 빗어진
내 사랑의 환상이었던 것을.

영원한 사랑

갈 수 없는 곳
볼 수 없는 모습
기억에서만 언제나 맴도는 그리움의 영상映像 같은
운명적 사랑을
저만큼에서만 머문 채 더 이상은 다가갈 수 없는
그런
더 이상은
느껴볼 수도 형용해 볼 수도 집착해 볼 수도 없는
언제나 희미한 안갯속에서
아련한 기억 같은 모습으로 떠오르며
시간과 공간이 멈칫멈칫해 오는 그 틈 어딘가엔
환상 같이 떠오르는 여운餘韻으로
꿈결 같은 멈춤은
날 마구 유인해 가
끊임없이 되살아나기만 했던 것을

닿지 못하는 안타까움과
갈 수 없는 길목의 저항과
느낌도 촉감도 허용되지 않는 저만치
무너지지 않는 거기와 여기와의
거리였기에
인위적이고 물리적인 그 어떤 것도 허용되지 않는
안타까운 사연의 무게는

땅에서부터 하늘에까지 이르러가듯 쌓여져
살아있다는 그 이유 때문에 삭혀지지 않는 어쩔 수 없는
동경憧憬의 세계인 것을

처음도 끝도 없는 공간에서
모습도 촉감도 아우를 수 없는 혼란으로
진실을 말해야 하고
그리움을 증명해 보여야 하며
확신을 결론해 보아야 하는 허구의 몽상夢想 같은
슬픔을
희열하는 열광의 넋두리로만 여겨볼
현실에서 울부짖는
순결의 화음和音이었던 것을
회오리쳐 뻗혀볼 비상飛翔의
저 끝없는 저항에서 환호할
영원한 리듬으로 스며져 와
나를
이토록 껴안고 있누나
오, 나의 사랑
영원한 그대 모습이여
영원한 내 사랑이여.

사랑과 영혼

사랑한다는 말
한마디 전하지 못한 채
세상은 모두 잿빛 어둠으로 가고 말았네
그 춤추던 파도도
열병 같은 황혼의 눈부심도
가슴 뛰던 설렘의 청춘도
한순간
물거품처럼
그렇게 모두 떠안고
어디론가 사라져버렸네

갓 솟아난
작은 풀잎, 초록 사랑도
가슴을 내민 듯 드러낸 꽃잎 우아함도
오랜 침묵으로 버텨낸 저 장송의 자태도
계절을 앞서거니 뒤서거니 분주하던
뭇 산천초목의
그런 변덕스런, 그러나
그 모습의 아름다운 조화며
한때 우리들의 속삭임 같은 걸
언제나 질투하듯
당신과 나의 곁을 맴돌며
행여 더 가까워질까 봐

저보다 더 아름다워질까 봐
그토록 곁눈질로만 가만히 보던
실로 아름다운 하모니 같은
그도,
세상 순결한 한줄기 선율이었으리

못다 한 말 있었다면
하고 싶은 말도 감춰야만 했었다면
다시 한 번만 더 보고 싶었던 그리움이 있었다면
당신과 나의 거리에서
이토록 더 다가가지 못한 그 무엇 때문이었다면
사랑의 섶으로 만든 둥지를 몰래 만들어놓고
마음과 마음으로 만이라도 갈 수 있는 길 만들어
당신으로부터 온, 나로부터 간 혼魂의 모습으로
서로 마주보아
애절했던 그 사랑 모두를 내밀어보이며
그간
밤의 모든 어둠과
낮의 밝은 빛과
어스름으로 남겨진 그 모두까지를 다
안아다 쌓아놓고
내가 당신을 사랑한 까닭이 잘못이었는지
신神의 판사 앞에서 원 없이 변론할 것이며

그리곤
난 기어이 이런 내 삶의 모두를 승소勝訴판결로
당신을 독차지하고 말 거야
왜냐하면,
내가
당신을 사랑하는 것이 내 생전 삶의 모습 모두였고
또 내 사후의 소망까지이기도 한
영원한 나의 사랑, 당신이었으니까요
내 영혼이
그때까지도 찾아 헤맬 테니까요.

아름다운 날에

금빛 은빛 물들었던 우리의 사랑
움으로, 가지로, 열매로 덥석대던
잔혹함에서 찬란함까지에 이르러 본
그 긴 시간이여
이제,
우리의 사랑이 멀어야 할 때가 될 것이라고
그 잎도 가지도 무성하던 협박 같은 군락의 버팀도
어느 날 아침
한 방울의 흰서리에서 무너져버렸는가
채 맺지도 못한 하고 싶었던 그 말 한마디마저도

남겨짐이
남겨진 것이라고 아니 말할 수 있는 그런 마음으로
너를 보낸다면
떠나는 모든 것에 대한 서운함은
다시 언젠가는 만나기 위해서인 것을 더 더욱
알 수 있을 것이라고
지나온 날처럼
다가올 날의 한쪽과 그 한쪽을 견줘 봐야하는
선택의 길을
이제는 더 머물지 말자
변하고, 바뀌고, 이별이어야 하는 모습아
모두가 우리의 아름다운 이야기 거리일 뿐이라고
그런 아름다운 날에
새겨놓을
한 쪽 일기 같은 것이라고.

사랑한다는 말에서

그대여,
난 당신의 그 목전에서까지 다가서렸다
되돌아 왔다오
행여 당신이 날 알아차리고 슬퍼할까 봐
바로 뒤돌아보기도 전에 그랬어야 했던 것을,
당신을 슬프게 하지 않으려
나만이, 나만이 당신의 뒷모습만이라도 볼 수 있었기에
그 이상의
그 이상의 더는 욕심 부리지 않으려고 한 것마저도
부끄러움이 될 수 있었던가요

어느 동화 같은,
숱한 별들이 반짝이며 은하수를 이루고
달님을 맞을 준비로 법석이는
밤하늘의 눈부시고 강열한 조명을 받으며 휘젓던
우렁찬 오케스트라,
그 숨 가쁜 격동에서 뒤흔들리는 나의 심장 같은 부르짖음이었거늘
그 어디에서도 보이질 않는 그대 모습은
바로, 지금, 여기 있었던 것 같은 그 모습에서
사라지고 만,
하늘과 땅 그 모두에서 진동하는
애타는 그리움이었던 것을
사랑한다는 말, 사랑한다는 내 말에서 멀어져버린
나의 사랑이여!
오, 나의 사랑이여!

사랑의 언덕

평화의 초월적 가치,
온유溫柔와 겸손의 내적 침묵,
한 성자聖子 '프란체스코(추정 1182-1226년)' 여

오직 평화의 도구로만이 원했던 성인聖人
청빈淸貧과 화해의 메시지를
정결淨潔하듯
순명順命의 상징으로 온 지구상의 종교와 타협한
이 세상은 잠시 다녀가는 순례巡禮였던 것을

그런 한 순간의
영원한 기쁨도 그 모든 것이라고 다져본
일상의 단순한 아름다움이
실로 이웃을 위해 아낌없이 봉헌奉獻하는 삶의 모습으로
남겨진
모든 피조물被造物의 형제에서
영성英聖은 영원한 사랑으로 자리매김 된
아름다움 그 자체의 세상 빛으로 누벼진
삶이있던 것을

모든 것들의 상징
"당신께 평화를..."
섭렵涉獵하고 찬미讚美하며

모두를 드리옵고 맞이해야 할
사상思想의 갈등에서
종교 간의 단신斷信에서 고뇌해본
이는 한 인간으로서의
아주 미미하고도 무관심했던 관용적慣用的 사랑
그런 삶의 과제였던 것을

"사랑"의 몸짓인 이끌림 앞에서 아직도 부끄러워져
버려지듯 뉘인
네 작은 모습이여.

그리움 (1)

스쳐 지나간
그 순간 때문에 남겨진
얼룩 같은 자국에서 못내 잊히지 않는
내 마음의 허전함을 어떻게,
어떻게 달래보랴

그냥 스쳤던 순간이었을 뿐이었는데
다시 갈 수 없는 아쉬움과
점점 멀어만 가고 있는 두려움과
놓쳐버려 돌이킬 수 없는
시간의 흘러감을 거스를 수 없는
과거와 현재 그리고 미래의 나이어야하는 혼자만의 길을

사랑한다는 말, 그 말 한 번
할 수 있는 기회조차도 없었던
돌아서 가버린 뒷모습의 아련한 여운만이
영원히 지워지지 않을
기억에서 상상으로 혼연히 남겨진 채
차디찬 뒷모습만이 떠안겨져
상상에서 혼란으로, 다시 형상으로까지 빠져들어가야만
했던
그 또렷한 모습
이토록 짓눌러오는 처절한 자신과의 사투死鬪를

모두를 드리옵고 맞이해야 할
수없이 다가왔다 사라져가고
사라졌다간 되돌아오는
이토록 떠나질 못해 하는 아른거림
내게서 멀어져 가면 갈수록 더욱더 다가오는 모습으로
나를 감금하고 짓누르며
이토록 격렬히
숨 가쁜 스침의 순간이었으랴

수많은 시간에 휩싸인
그대 모습,
맑은 눈동자며
나직한 목소리와
새하얀 교복 칼라에서 정연히 차려진 얌전한 뒷모습에
이끌려진
하고 싶었던 못다 한 그 말조차도
나를 온통 묶어버린 채
언제나 저만큼의 거리에서만이었던
오, 불타는 가슴의 이 부르짖음을

무심코 돌아서 가던 그녀의
회오리 같은 주위,
나는 그 회오리에 휘말려진

한갓 먼지로 배회하는
이젠, 더 이상 다가갈 수도 되돌아올 수도 없는
멈춤에서
너무나 멀고 먼 거리인 것 같은
이미 버려진,
그렇게 점점 더 사무친 그리움에 무참히 버려진,
저항할 수 없는 죄인인 것을.

그리움 (2)

다가갈 수도
멀어지려 해도 어쩔 수 없는
그대 모습 두고
이토록 사방은 어느 한 곳도 갈 수도 되돌아 올 수도 없는
길이었다오

가슴 깊이 파고드는 그리움에 사무친
실오라기 같은 마음이며
걷잡을 수 없는 방황,
차디찬 외로움과
후벼 오는 그 아픔에서
얼마나 오랜 시간을
수없이 걸어보며 생각하고 생각한
그댈 위해본 나의
말할 수 없이 초췌해간 모습을

수많은 시간이 흘러가고
흘러가버린 시간은 깊숙이 파고들은
그 무게를 다 이기지 못해
하늘과 땅 그 어디에서라도 머물고 싶은
짓눌림과
들리는 소리는 모두가 그대 목소리 같고
다가오는 수많은 모습들은

모두가 다 그대모습으로 다가오는 듯해
이제는
함부로 그대 곁에서 멀어질까 봐 벗어날 수 없는
이대로에서만
바라보고
귀 기울이며
내게 남겨진 그 모든 시간의 영역에다
오직,
기다림이란 팻말을
꼼짝하지 않고 들고 서 있다오
잠시라도 놓치면
그냥 스쳐버릴까 봐.

그리운 사람

흩날리는 구름에 바람 몰아침은
쏟아지는 빗방울이기 위한 몸짓일 것이다
저렇게
높은 하늘에 구름이 밀려가며 대지를 덮을 듯한 기세는
대자연의 아름다운 조화로
뭇 생명의
부질없는 염원을 바르게 일깨우기 위한
다소곳한 정도의 모습일 것이다
끝없는 여로,
스침은 일순간이었고 내다보임은 망망한
그 긴 듯도 아니함도
내겐, 지금
오직 소중한 그 이름만을 불러보고 싶을 뿐

만고萬古에 가림 없는
천연天然의 자태여
수풀 우거진 첩첩산중에서
세상 번뇌, 고독함을 달래려 하느냐
잊을 수 없는 그 이름
겹겹이 쌓여진 그 오랜 세월에 뒤덮여
가슴 태우던 모습 더욱 되살아나
다가오는 아련한 별빛에서 연서戀書를 새겨보다
지우고 지나가는 명쾌한 구름의 유혹에 휩쓸려서

그만 덤으로 묻혀버린
불러도, 불러도 대답 없는
나의 사람아
말없이 묻어본 해님 언저리에서 구름 품고
수없이 주문呪文하는 바람의 모습처럼이려니
그렇게
이 가슴 깊숙이 응어리진 할 말
그 모습으로 되었나, 돌이 된

또 그렇게 하루해가 가고
어느새 어둠이 소리 없이 안겨져
오고 감이 서럽도록 버텨보건만
흩어져지지 않을 그 이름은 언제나 남겨져
먼 하늘 유성처럼 맴돌며 날 오라 손짓하네
그리움 때문에
그리움으로만 뒤덮인
말 못할 그 모습 때문에.

그대 모습에서

꿈속에서 만난 그대 모습,
너무나 청순清純한 미소로 다가와 내 곁에
와 있었네

반짝이는 눈빛
해맑은 미소
부끄럽고 미안해 하는 듯이 붉어 오는 두 뺨
갓 피어난 이슬 흠뻑 머금은 꽃잎마냥
바로 그 모습이었네
조금 더 멀리에선
영락없는 한 송이 꽃의 우아함으로
저만치에서
날 매료시켜버린
그저 더 다가가고 싶은 그런 설렘으로
나는
아마, 떨고 있었던 것 같았어요

그대가
금세 멀어지려 할 때쯤
나는 어느새
내 앞을 가리려는 눈물로
떠나려는 그대의 옷자락을 적시며
부여잡았던 것을

오, 그러나
꿈은 깨어났고
그대의 모습은 그 어디에서도 찾아볼 수 없는
나는 싸늘한 빈방 한 기슭에서
환상 같았던 놀라움에
그대의 이름을 조용히
혼자만의 습관처럼 되뇌어보았다오, 언제나 그랬듯

깃도 없는 날개의 처절한 퍼덕임에서
그렇게 꿈결에서나마
볼 수 있었던
그대의 모습에 사로잡혀진
너무나, 너무나 뜻밖의 순간이여.

그리움에 전이轉移되어

그립다고 말하면
그리움이 알 수 있을까요
들려도 들리지 않는다 말하는 것이
그리움이라고 사람들은 말하더군요

언제나 그리움에서
기억만을 빈 가슴에 메워놓고
그리워하는
하루여야 하고
한 달이어야 하며
한 해의 그 모두를 몰아넣어야만 했던,
처음부터 그랬던,
한 통의 편지 회신도 없었던,
한마디 소식도 전해주지도, 전해 받지도 못한 채
오늘도 거리에서 그렇게 방황하며
보이질 않는 앞을 향해 방향마저도 잃고서 헤매고 있는 것을

끝도 없는 거기를 동경하며
갈 수도 없는 거점據點을 배회하고
언제나 저만치에서만이 밀어져
다가가려면 다가갈수록 더욱 더 멀어져버리는 나와의 거리,
그대모습의 아른거림,
그때 본 소녀의 모습 그대로만이 내겐 남아있는,

더 이상의 변해가는 모습은 볼 수 없는,
그녀의 모습이여

아득한 옛날
짧은 단발머리에
맑은 눈동자,
나직한 목소리,
얌전한 뒷모습,
새하얀 교복 칼라에 드러나 보였던 풋내기 여중생의 그 모습이
그 모습만이 기억할 뿐
그 이상은, 그 이상은 더 지금껏 볼 수 없어 알 수 없는
너무나도 오랜 시간에서
너무나도 먼 거리에서만이어야 했던
가혹하리만큼 운명적인 사랑인 것을

세상 모두가
내 사지四肢를 다 묶어놓고
그녀의 모습을 볼 수 없도록 가로막고만 있는 것 같은
전해지지 않는 그리움의 사연만이
허공으로, 허공으로 보냈던가요
가다가 변하고,
가다가 녹아져버리고,
가다가 그렇게 자취도 없이 사라져버렸던 것이
나의 애타는 부르짖음이었던가요

너무나
너무나 오랜 세월
그녀는 다른 세상에서
나와의 영영永永 다른 세상에서
나를 기억조차도 못하리만큼 관심 없는 새로운 일상에서
지금, 그런 모습으로 살아가고 있을 거에요

그렇게
그리움이 전이되고
그리움이 응어리져가고
그리움이 깊어져가며 더 아픔을 자아내는
이런 나의 모습을 알 수 없는 그런 세상에서, 아마
그 모습 그대로 고이 간직한 채 있는 것이
진정 그녀를 사랑하는, 그녀를 위한 나의 모습인 것임을
내 영혼을 달래는,
이토록 가슴 맺힌 심장에 고동치게 하지 않는,
아프지만 이대로가 더
그녀를 위한
나의 오염되지 않는 진실한 사랑이라고 여겨야겠지요

전이된 나의 사랑이여
오, 전이된 나의 사랑이여
이젠 깊이 파고든 나의 그리움에서

내가 아닌 누구도 더 손 쓸 수 없는,
최후의 메스Mes로써도 치유治癒시킬 수가 없는,
깊은 상처부위에서 그대로 머문,
끊임없이 분출噴出하고 있는 아름다운 내 사랑의 향기여
그리움으로만이 되솟을 수밖에 없는
그녀를 향한 내 모습이여.

사랑의 메시지Message

메리 크리스마스!
하늘과 땅에 축복을
온 인류에 사랑을, 사랑으로, 사랑이기 위한
소식,
그 소식이
세상 모두를 덮치듯 다가온 희망의 여명黎明 같은 소리여
내 작은 핸드폰으로 날아온 몇 글자
"당신을 사랑합니다."
여덟 글자의 그 함축含蓄!
온 세상을 선물 받은 것 같은 기쁨이여

내게 방금 다가온
이 풋풋하고 뜨거운, 이토록 설레기만한
사랑한다는 말,
그 말 한마디면
다시 일어설 수 있는
힘과 용기가 되솟아 내 모든 슬픔이 사라진다오

익명匿名의 목자牧者여
거룩한 영적靈的 이념,
우연과 인연의 번뇌에서 갈등하는 삶,
삶의 그 자체가
부족함이고 역경이며 부질없는 형상形相에서

그토록 소유의
갖추지 못하는 너와 나의 관계로
그렇게 한 생을 버리듯 보내야 하는 가엾음을
어둠을 지우기 위해 빛이,
기쁨을 안으려 그 깊고 깊은 아픔이,
생겨난 모습 그 모두는
어느 누구도 흉내 낼 수 없는 오직 고유의
한 조각 영롱한 예술품이었던 것을
사방 모두를 유혹시키고만 아름답고 경이로운 신비
한 순간 탄생의 내비침인 것을

나는 당신을 위해
당신은 나를 위해, 그렇게라면
그 이상의 어떤 것도 더 부족함이 있을까요
내가 가진 건 그 모두가 당신을
당신이 가진 건 그 모두가 날 위해, 그렇게라면
이 세상에서 그렇게만 머물 수 있다면
그 이상의 어떤 것도 더 가지고 싶은 것이 또 있을까요
아침 햇살,
저녁노을,
찰랑이는 물결,
넘실대는 파도,
계절 따라 단장해가고 있는 대자연의 변화,

고요한 밤의 포옹,
이 모두는
바로 내게
지금, 한 겹 가림 없이 다 내밀어 건네주는 아름다운
눈물겹도록 아름다운 원색
그 원초의 모습 그대로인
당신이 내게 모두 보내온
황홀한 사랑의
메시지인 것을.

여운餘韻

남겨짐만이라도 없었더라면
두렵도록 서운했던 모습이었을 것을
왠지 떠난다는 예감에서부터
그 미리에서부터 서운함이 몰려오는
아쉬움과
안타까움과
슬픔들이 몰려와서는
저만큼 저물어가는 이 한 해의
모든 속삭임들이 귀띔해
이별을 조용히 고하려는 몸짓들로부터
더욱 나를 이리도 머뭇거리게 하는지

사멸死滅과
사라짐을 다른 차원에서 가져보고 싶은
그나마 그것마저도 가만히 저울질 해보고 싶은
내 빈 마음 한구석엔
스산한 존재의 의미론
무상無常함과 허망虛妄의 소유로만 빚어진
한갓 스침이었던 것을
자취도 남겨지지 못한 바로 이 순간에서
한바탕 소란했던 공허이었던 것을

모습이든
상상이든
나를 자극한 영감靈感이
내 안에 그 형상을 자리 잡고
온전히
멈춰진, 더 이상의 움직임을 이끌어낼 수 없는
욕심이 황급히 사라지고 말았네
당신과 나의,
당신과 나에게 주어진,
당신과 나에게 다가온 서로의 모습과 그 비교의 차원과
거리만큼의
충분하고도 아름답고
충만하고도 사랑스런 배후의 덧받침 되어
아픔을 끊임없이 배회하려는
생명수 같은 내비침으로
돌아선 뒷모습이 된
한 가닥
가만히 스며온 느낌이었으리.

마중물 같은 사랑

드렸으니
나도 드리련만
이처럼 서로 마주하듯 오고 가는 걸
주고받는
어느 쪽이 먼저랄 것 없이 그렇게 오고 가는 그걸
참사랑이라고 말하려무나
그렇게
사랑의 싹이 트고 움이 돋아나면서 잎이 무성해지고
가지를 뻗어나가 온통 누리에
스미고 끼어들고 끌어안으며 포옹해가는 모습으로
작은 사랑에서부터 시작되는
아주 작은 마중물 같은 것에서부터이었을 줄이야
원 없이 쏟아져 나오는 마중물의
신선한 충격!
드렸던 마중물에서 되돌아와 연이어지는 듯한

우리의 사랑은
그러련만
오늘 하루
얼마나 많은 사람들과의 대화에서
얼마나 많은 그 모습들 앞에서
내 모습이 어떠했으며
그들로부터의 되돌아옴이 어떠하였으랴

언제나 먼저
마중물이 되어준다면
이 세상은
넘치는 사랑 말고는 더 아무것도 아니련만
마주 보고,
미소 짓고,
먼저 건네 보고,
먼저 다가갈 마중물 같은 마음 한쪽 편
그 작은 사랑이여
마중물 같은 참사랑이여.

당신의 소중한 사랑

무엇과도 어느 것 과도 비교될 수 없는
유일하고도 고귀한,
이 세상 어디에서도 찾아볼 수 없는
준엄峻嚴하고도 숭고崇高한,
아름다우리만큼 사랑스런 그런 모습, 그런 하나의 사랑으로
가눠
고요와 평화의 누리에서 생성해간
시간과 공간의 절묘한 함축含蓄인
현란絢爛한 빛의 난투 같은 파동인 전율로 오롯이 스며와선
온 몸으로 전이轉移되고 이완弛緩되며
눈빛 하나에서도 놓치지 않고 감금해내고 있는
사랑의 모습
영롱한, 바로 지금의 당신 모습이여

내게 담겨진
당신의 모습이었기에 나는 멈춰진 그대로에서
당신을 알 수 있었고
어떤 말과 몸짓의 애달음보다 더한 진실의
깨달음 같은 느낌으로 스스로를 자맥질해 본
비교의 덫에서 벗어날 수 있었고
자유로움으로 쌓여간
순서 같은 구차한 면모에서도 샘하지 않는
여분과 배려, 부족함까지에서도 탓하지 않으려는

당신을 위한 나의 거리였고
당신으로부터 이끌려진
나의 그 어느 부위에서도 오염되지 않고 마모되지 않는
순결의 모습 그대로이었던 것을

최후였고
더할 수 없는 마지막으로 자리매김 된 내 생의 전부인
그 사랑
나를 이토록 달궈
이제, 두들김만 하면 모형이 태어날
대장간의 불덩어리 같은 쇳덩이여
당신의 금형金型집 안으로
당신의 사랑 틀 안으로 안겨가려는
그런 순간의
한없이 겸허해지기만 해보려 하는 모습 되려하오

언제나 기다려준 당신의 모습
그 사랑의 부름에 독차지해지고 싶은
용광로로 막 탈출한
이토록 절박하기만한
당신의 소중한 사랑이여.

오늘 하루, 그리곤

과거도
현재도
미래도 시간일 뿐 그 이상은 아닌
그 이상은 나의 소유물 같은 것일 수 없는
내가 보챌 수도 없는 그 전부인 것을
단지, 확실한 것은 종착역이 있다는 것이다
모든 것이 멈춰야 하는,
그 안에선
어떤 피조물被造物도 섭렵涉獵할 수 없는 것이
시간의 모습인 것을
한 순간이라는 시시각각 그 변화는
누구도 겨룰 수 없는
처음과 끝이며
어느 순간에서 나의 일생은 끝나는 것인지
아무도 알지 못하는
나약하고 이토록 가엽고 보잘 것 없는
한갓 변방邊方의 것이었을 줄이야

초로草露의 목숨으로 넘실대는 자유여
오늘 하루 동안 보았던
하늘과 땅
그 안에 지천으로 드리워진 수풀과 찰랑이는 물소리

그리고 하늘에서 땅에서 무수히 유영遊泳하는
생명의 정결淨潔한 맵시여
무상無常하지만 행복했고
사라질 것이지만 만났다는 그 사실의 끝없는 감취
오늘이었고
지금, 너와 나의 모습인 것을.

나이고 싶어, 그 작은 공간에서

나는
당신으로 인해 정화되어가는 한갓
작은 몸짓입니다
당신의 입김에서 향기를
당신의 모습에서 꽃이 되려합니다
여기, 아직 아무도 오질 않은
이 초라하고 수풀 우거진 기슭
그러나
고요와 평화 깃든 사랑의 보금자리
갓 태어난
어린 생명의 둥지가 숨겨진 그 곁에서
나이고 싶습니다

들리는 건
아무도 흉내 낼 수 없는 아름다운 선율의
새소리, 물소리, 바람 소리
보이는 건
풀잎 끝에서 마냥 반짝이는 이슬방울들의
미끄러질 듯 미끄러질 듯한
풀잎과 이슬방울들의 숨바꼭질 같은 모습이며
짙은 초록으론 너무 지쳐
더 아름다운 빛으로 여며가려는 그런
단장된

예쁜 단풍의 모습으로이기 위한 설렘이었고
그 섶에 아우르려는
작은 풀벌레들의 뛰노는 모습이며
이따금 왔다가 간 멧새의 쉼터였던
여기, 이곳인
이 한없이 아늑한 품
작은 공간으로 엮이어진 내 모습이고 싶습니다

거기엔
아무도 간섭하지 않을 스밈과
자리 차지 않으려는 모습들과
그렇게 아프지 않을 자극과
압박해 오지 않을 그리움이 자유스럽게 뛰놀
사랑의 부름이
나직이 들려올 테니까요
그 작은 공간에선.

감동

어떻게 말하면 좋을까요
이 순간의 감동을,
어떻게 추슬러야 좋을까요
이 포착의 충동을,
너무 날카롭고도 너무 급박해
짓누르고 돌출된 부딪침에서 터져날 듯한 몸짓,
너로 인한 나의 쏠림이 이토록
내 온 몸으로 전율 될 줄이야
혼자로서는 감당해 내기 너무 두려운
당신 모습 가득한 스밈을,

수많은 시간의 응집과
오랜 기다림의 비워둠과
굳어져간 형틀에서 완벽해져 간 당신 모습이
너무 영롱하고
너무 말쑥해
투명한 입체감에서 내안에 네가 되고만
간신히 한 가닥
끊일 듯 다시 이어지고 끊일 듯 다시 이어져간
너를 부르는 내 육성의 메아리는
아직도 머물지 못해 하는,
아직도 그곳에 다다르지 못해 하는, 방황의
너를 찾고 있는

애타는 부르짖음이여
흩어져나간 아픔에서 끌어안으려는
너무나 미치지 못하는 먼 거리를
깊이 있는 그 깊이만큼
멀리 있는 그 거리만큼
모습과 위치와 어떤 공간의 메워짐이
더 버틸 수 없는 함정에서 괴로워하듯

나의 사랑,
그 깃털만큼 근접에서도
일순간을 휘몰아 덮쳐버릴 것만 같은
내 모든 포착이
당신의 모습인,
내 모든 애태움이
당신의 안식인,
이토록 내 모든 기쁨이 당신으로부터 밀려져온
불같은 '감동' 이었음을.

이별이어야 할 지금

얼마나 망설이었는지
당신은 모를 거예요
그렇게 쉽게 떠날 수 있었던가요, 당신은
너무나
순간적이었고
꿈같은 모든 일들이 순식간에 덮쳐와
나를 그만 감금하고 말았어요

아픔을 아픔으로 말하지 않으려
그녀의 뒷모습을 바라볼
그것도 조금이라도 더 볼 수 있는 데까지라도 보고 싶어
시야에서 멀어져가
점점 사라져 갈 때까지만이라도
난 그 순간만이라도 있었다는 게 얼마나
얼마나 행복한 한 순간의
영원히 잊혀 지지 않을 모습이었는지요

이별이어야 할, 지금
지금의 아픔을 당신은 알 리가 없겠지요
내가, 당신을 사랑하고 있다는 걸 그때까지도
아마, 그때까지도 알 수 없었을 테니까요

나는 떠도는 구름 되어
당신의 그 고운 피부를 내리쬐는 햇살을 가려줄 것이고
당신이 오기 전에
당신이 기뻐할 피어있는 꽃이
행여 미리 떨어져버리지 않게
물관부를 통해 아스라이 스며가는 한 방울의 물로써
황급히 뿌리로부터 뻗어 올라 꽃대까지 복받친
그때까지 변하지 않을 꽃잎이며 향기로서 멎어지게
하려하오
설혹, 이별이기 위한 지금의
아름다운 당신의 모습 감춰진다 할지라도
당신이 아직도 모를 나의 간절한 사랑을 위해서는.

당신의 노래는

회오리치듯 휘감는 선율은
내 주위를 맴돌며 날 감싸려 하오

지금,
이렇게 날 에워싸려
구슬 같은 목소리로
떨리듯 접근하려 하오, 날 혼란시켜
내 온몸이
꽁꽁 묶이어져버린 것 같으오
아름답고 사랑스런 당신의 노래로,
당신의 노래는
날 이토록 에워싸고
내 주위를 수없이 맴돌며
날 애태우고 유혹하려 하오
아니, 난 당신의 노래로 그만
온통 유혹되어버리고 싶으오
당신의 이 애절한 듯 간절한 노래에서

너무나
너무나 벅찬 감격에서
당신의 노래에 에워싸여져
기쁨과 더한층 행복해지고 싶으오
감미롭고
사랑스런
당신의 노래에 온통 휩싸인 채로 영원히 머물고 싶으오
행여, 지금이 꿈이라면
부디 깨어나지 않기를 원하며.

노래 되어

노래 되어
그림 같이 윤곽輪廓부터 드러내어가고
그 안에 가만히
흰색부터 검은색까지로
그 가운데는 더러 보랏빛과 분홍빛과
연초록빛으로 채워가다
싫증 나가든
짙은 갈색으로 또렷한 형태가 되어가도록
그 형태가
금세 뛰쳐나올 것 같은 움직임으로 될 것 같은 그런
그림 같은 노래 되어지리라

세상 모두를 품어가듯
노래는
노래 되어
노래 되어 스며나고
노래 되어 배회하며
노래 되어 다가왔다 멀어져가는
깃털 하나 갖지 못한 나신裸身으로 부끄러울 것 없는 허공을
유성처럼 떠돌리라

어디
무게라도 있거들랑 버려두고 따르라고

그러면
저 숱한 별들처럼 은하수 조명으로
포근한 밤하늘에 싸여져
기쁨이란 기쁨 다 모여든 광장에서
기다림으로 묻어둔
혼자만의 그리움으로 펼쳐선
사랑의 굴레 따라 가까스로 다가가
그땐, 비로소 눈물 보이며 진실을 말하듯 노래하리
그저
눈빛과, 모습과
그리고 느낌만의 표정으로라도 노래 되리.

노래여, 나의 노래여

떨리는 목소리는 더 멀리 가지 못하고
목전에서 머물고 말았다오
이룰 수 없는 사랑의 연가戀歌여

기다리는 마음
그 마음으로만이면 더 이상은, 더 이상은 바라다 볼 수 없는
이토록 사랑은 슬픔으로 겹겹이 포획된 듯
오롯이 그리움으로만 피어난
한 송이 청순淸純한 모습으로여야만 했던가요
오, 너무 초라하고도 아픔에서 한참을 헤매다 헤어나려 한
일그러진 모습, 그 여운이었던 것을

목이 터져라 불러본 노래여
그렇게 목이 메,
복받침으로 터져난,
너무나 오랜 시간과 처절한,
그토록 외로운 투정이며 끝없는 슬픔으로 응고되어
머물 곳 없는 허전함이 덮쳐온
눈물로 녹아난
내 육성의 힘겨운 뻗쳐 감이었거늘

하늘과 땅이여
그 어디에서도 안겨질 수 없었던 싸늘한
허공에서 맴돌며 떠돌다 사라져가고만
그런, 방황의 소리여

언제나 외로움으로 서성여야 했던
홀로여야만 했던
오직, 그리운 그 모습에 이르려고만 애태워야만 했던.

멋을수록 되살아나는

가슴을 후벼 오는
실오라기 같은 한줄기 선율이여
하늘과 땅이 맞붙은 듯 몰아쳐오는
힘겹게 스며오는
떨리는 육성의 손짓 같은 부르짖음이여
사방을 끌어안고, 사방에서 이끌리고
사방에서 뒹굴고
사방에서 휘두르고 있는
목 멘 육성, 가슴 터져나갈 것 같은
치밀어 나가는
애석함이여

눈물겹도록 그리워하는 그대의
뒷모습을 따르려 몸부림치는 한줄기
멋을 듯 되살아나는 노래의
영원히 끊겨나지 않을 치밀음이여

멈출 수 없는,
멈춰지지 않는,
너무나 오랜 시간을 겹쌓여온 모습으로 초췌해진 채
나는 내가 무엇이며
어떤 모습으로 드러낸 모든 공간의 염치없는 위치에서
현재를 타협하지 못한 분출의 격조 높은

그러나 그것 또한
나에겐 세상에서 제일 아름다운 모습으로 떠도는
그 작은 공간이며
그림 같은 시위示威와 조각 같은 촉감으로
수없이 다가오는 영감靈感의 현란한 유형인 것을
끝도 없이 짓눌려 어스러져가는 함몰陷沒인 것을.

다시 봄이

시간도 흐르고
모습도 변하고
바닥까지 흐려진 바랜 빛이 사라져간 뒤 그 허전함이
감출 줄 몰라 서성이기만 하던
그렇게 초라한 뒷모습의 여운마저도 멀어져버린 어느 날
가만히 스며온
어딘가에서 슬며시 내밀 듯 다가온
연약하며 겨우 모습만이 드러낸 빛,
있는 듯 없는 듯
보일 듯 말 듯한
한없이 여리고 금세라도 망가져버릴 것만 같은
미묘美妙한 네 모습이여
스치는 듯 다가서며 멈출 듯 떠밀려 와선
사방을 간신히 에워쌌네
실바람에도 흩날릴 듯이 내몰리더니

봄은
또 그렇게 소리 없이 다가오는가
연초록으로 온 몸을 휘감듯 숨 가삐 덤비며
저 멀리에서부터
더 가누지 못해 드러내고 마는 어쩔 수 없는 태동胎動으로

가고 오는 것만이 변화인 줄 알았는데
멈춤에서 환생하듯
새로움이 피어나고
상상도 못했던 뭇 기쁨의
지상 난동 같은 변화의 모습 앞에
모든 사물은 경배敬拜하며 스스로를 부끄러워하고
새 생명 앞에서
끊임없이 겸허해 하던
사랑은
너무나도 아름다운 기다림인 걸까요
저 아련한 봄빛에 이끌려.

아름다운 음악에서

구름송이 같은 가벼움으로
떠돌 수 있는,
넘실대는 파도 같은 출렁임으로
대지를 곁눈질해 볼 수 있는,
계절을 넘나들며 변덕을
한껏 부려보는 산천초목 같은 최고의 패션Fashion으로
높고 낮음과 길고 짧음
홀로와 아우름이며 사라졌다 되살아나는
숨 죽은 듯이 감춰되는 선율,
화려한 듯 눈부신 복받침에서
무참히 덮쳐져 포옹된
온몸에 전율되며
녹아져오는
더 앞을 벗어날 수 없는 저 회오리 같은 감검인 것을

진통 같은 아림으로 스며와서는
바람 같은 스침으로 사라져가는
연동적 몸짓의 오르내림이여
지구를 압축하고
하늘을 떠밀며
바다를 몰아낼 것 같은 격동의 파동으로 뒤흔드는
멜로디의 거친 숨결이며
초록으로 단장한 새싹의

터질 듯 겹쳐질 듯 휘어질 듯한 감미로움의
여린 선율에서
손끝은 저려오듯 영감靈感의 가눔에 더 저항은 못하고
휘감겨져 간
오선지의 철통같은 연행連行에서 떨며
앞, 뒤, 좌우로 부딪고 쓰러지며
붉은 동맥이 터져나
선홍빛으로 물들어갔던가
갸륵한 한 잎 악보로 태어난 모습이여

모든
순서는 함몰陷沒되고
형상은 사라져갔으며
점과 위치는 뒤범벅이 된 채
모두가 수몰된 듯 그렇게 사라져가
수면 위에 포진布陣된 한 가닥 수평의 여린 촉감인 양
혼연히 평면으로 정제整齊된 고요의 언저리에서 노닐
빛과 그림자의 깃을 어르고 있는
그 한 순간,
무심코 이끌리고 있는 아름다운 선율의 나래는
미지의 마지막 피안彼岸의 길로
끝없이 몰려가려는지...

아름다운 선율旋律이여

초록 구름이 하늘을 휘덮고 있다면
그 하늘 밑에
바람은 어떻게 보일까요
스치는 바람의 모습은
또 어떻게 오르고 내리며
이 모든 몸짓을 알려줄 소리로 환생 되어
나직이 내려와 속삭이며
리듬으로 몰려다니다
춤추듯
고요의 포말泡沫 위에서 깃을 펼쳐
잔물결처럼 진동해올까요

운율 된 승화昇華여
화음으로 터져난 마디마디에선
녹아나고 있는 선율이 밀려와
드러난 모습을 아프지 않게 감싸버리려
기다림의
먼 여로에 다가갈
복받친 그리움으로 맴돌아선
목이 터져라 불러본, 그 이름
차마
멈추지 못해
그 파아란 구름

새하이얀 바람 같은 틈으로 스며가
소리 되어,
가슴 파고드는 소리 되어 말하리
한 옥타브의 몸짓으로
그 곳곳에서 음표로 엉겨 붙어
그대, 그대 영혼에 다다라보리.

한 편의 시詩는

한 편의 시는
세계를 넘나드는
공간을 다 흡입하고도 모자라 갈증 내는
질풍疾風 같은 몰아침의 번개 빛이다

한 편의 시는
가슴을 훑어 내리는 메스Mes의 모습으로
사정없이 찢어나가는 사나운 번민煩悶으로
모든 욕정을 말살시키고
다시 새로운 방향으로 이끌고 마는 날카로운
스침이다

한 편의 시는
한 송이 문득 나타난 구름,
원하는 대로 바람 따라 떠돌며
세상 온갖 기쁨과 슬픔들의 모습 앞에서 간섭하려 하는
영역도 위치도 다 버려두고
제 몸, 모두 그렇게 버리고서
조용히
안으로, 안으로만 불러들여서 달래려 하는
아무도 모를
신비로운 상비약常備藥이다.

멋진 시詩는

고속 카메라에서 찍혀 나오는 영상映像의
움직이는 모습을 그대로 그려내는 시어詩語의
부딪힘일 것이다

그들끼리
아무도 간섭하지 않은 영역에서
한참을 골몰하고 진통에 진통을 자아내는
찬란한 산물일 것이다
새로움이고 탄생의 희열 같은,

시는
양과 음을 겸비한 극極과 극의 결정적 표출로
영원히 남겨질 예술의 본질일 것이다

피어나는 한 송이 꽃의
오묘한 모습을
집중적으로, 그도 닿을 듯이 가까이까지
아니, 스치며 짜릿한 촉감이 내 온몸으로 전율해 오는
그런
싱그러운 시어의 맵시로
각자 제자리에서
어떤 형태의 덧받침으로 버티며 웅크리고 있는
아름다운 조화의 한몫으로 아우른 일치감일 것이다

순간을 흠집 내지 않고 달려가서
마치 새 생명의 분만을 함께 견디며, 드디어는
세상을 우렁차게 울리는 탄생의 선언 앞에서
옥수玉水와 깨끗한 천으로
아직 핏덩이 같은 생명체를 안겨 받는 순간 같은
그런...

오, 시의 시어는 난동을 치듯 격렬히 찬양되며
원고지가 넘쳐 터져날 듯한 기세로 덤벼오지만
단, 몇 줄의 시구에서
그 소름끼치는 듯한 절제의 강박감과
격조 높은 변형의 솟구침
더 어쩔 수 없어 터질 듯한 감흥感興으로 자아낸
그러나 쉼표와 마침표에서만이 그 이상은 허용될 수 없는
자극과, 겹침과, 역동적인
온몸이 숨 막힐 듯 어스러져갈 것 같은 모습의 신비를 겸비한
한 폭 그림 같은,
한 옥타브의 선율 같은,
맥이 뛰고 있는 듯한 조각품의 윤곽 같은,
실체이고
영혼이며
빛과 그림자 같은, 그 아무도 오염시킬 수 없는
아름다운 여운餘韻의
시일 것이다.

詩의 선율

세상에서 떠도는
모든 공간과, 순간과, 여유로움과, 긴박감 같은
그 어느 것 하나에도 놓칠 수 없는
화음의
포괄적이고도 관대한 하모니Harmony
계음繼音의
순서도, 리듬도, 그 길고 짧음도 없는
거저
출렁이는 물결 같이, 굽이쳐가는 강물 같이
그러나 수없이 밀려와 부딪고 흩어져가는
한줄기 물빛
현란한 승화昇華여

응어리져가는 듯이 고여 들고
흩어져 사라지다 벗어남을 두려워하는 여운餘韻을
시나브로 잊히지 않아
그 무엇을 동경해 그토록 애태웠던가
회오리쳐오듯
소리 없는 아우성의 몸부림을 걷잡을 수 없어
간신히, 한순간을 부여잡고 애원하는
그대, 그대의 뒷그림자여
그도 더 멀어질까 봐
잠시도 눈을 땔 수 없는 스텝Step에서

기다림보다 더한
또다시 이 세상 떠도는 이별이어야 할 서러움 앞에서
멈추지 못해
수없이 쏟아져내는 시어詩語의 갈등을
어떻게 접근해 멈추게 하랴, 멈추게 하랴
끊임없이 되 솟아나는
불같이 복받친
옥타브Octave를 뛰쳐나와 그 오케스트라에 저항하듯
휘몰아치는
혼수상태 같은
선율이여.

소녀에서 숙녀 된

아직
눈매엔 이슬방울 같은 반짝임이 어려있고
까-만 눈동자가 쉼 없이 노려보는 듯해
미소 띤 입가엔
예쁜 꽃잎이 곱게 겹쳐진 듯
금세 뭐라 말하려는 듯이
오, 그러나 수줍어 감추고 마는 모습이여

모습은
반짝이는 빛, 갓 튕겨진 이슬방울로 성근
풀잎에서 그만 떨어져버릴까 봐 마음 졸이는
내 심정은
이리도 가슴 뛰는지
그냥 스친 눈빛에 그만 온몸이 전율되어버렸고
갸웃거리는 생화生花 같은 그 모습 전체는
그냥 내게로 안겨진
그러나 안타까이 저만치에서만
내게로 안겨지기만을 원하는
그런 꽃다발 같은 모습으로 잠시 멈춰진 채
그 향기만이
이미 깊숙이에 내게로 와 스며 버린
이 순간이
부디, 꿈이 아니기를

스쳐 가다
뜻밖에 다시 되돌아보는 미소에
안타깝기만 했던 그 순간이 일순간에 무너져버렸고
벅찬 감명感銘 솟구쳐
하고 싶은 말 치밀어 터질 것만 같았지만
차마 한 마디도 못하고 말았네

너무 놀란 순간이었고
상상해보지도 못한
거친 파도 같이 덮쳐버린 설렘이
내 온몸으로 그만 회오리쳐버렸네
그 모습, 앳된 소녀라기보담
성숙해가는 어엿한 숙녀
그 예쁜,
모습,
그녀의 머릿결이 새하얀 목덜미로 스치어가고
휘감은 듯한 옷깃이며
차분한 듯 순결 서럽도록 정연井沿해 보이는
얌전한 모습
스텝Step어린 댄스Dance 같은 몸짓이여

앏은
온통 무도회舞蹈會로

내게서부터 조금씩 멀어져가는
놓쳐버린 한 폭 그림
아니, 동영상 같은
눈부시도록 그쪽으로만 조명照明되어진
몸짓 하나하나 영상影像물인 것을,
너무 아름답고 사랑스런
이제, 곧 예쁜 숙녀의 모습으로이기위한
아직은 풋내기 소녀여.

문학의 모습

극복이란 그 모든 힘의 원천으로
용기와 사랑과 인간다운 삶을 영유케 하는
꿈이 아니고 현실이고
현실이 아니고 체험이며
체험 이전의 그 무엇으로 송두리째
삶의 본질을
우주 만물에 접목接木해
아주 자연스럽게 승화되며
순수함을 걸러내고
착한 심성을 샘솟게 하고도 너무 부족해
사랑의 불같은 열정을 마구 끌어 붓고
그리곤 일시에 자취도 없이 사라져버리는
가설무대 같은 곳의 한 장막의 모습인 건가요

만나고
이야기하며
서로의 모습을 바라보기도 하고
하루에도 수없이 변덕이 조롱 되
부질없는 모든 것에서 매달려 있는
각본脚本의 순서를 기다리는
한갓 아역啞役배우의 모습인 것 같은

문학은

그러나
탈피하는 현실의 모습에서
끊임없이 되솟아나는 욕망과 그리움,
그리움의 집념과
이루지 못할 사랑의 슬픔까지를 치유해갈
그런 따스함을 품은
그래서
물러섬의 아름다움과 겸손의 애교와
배려의 나눔까지를 일깨워가며 처음부터 다시
시작해 보라고 타이르는
절명絕命의
단언斷言을
명명明命한
가르침의 문헌文獻 같은 모습인 건가요

행복, 성공, 사랑,
삶의 최고의 가치를 갖고 있는 이 단어들도
모두 생명이라는 단어 앞에서는 한갓 군더더기에 불가한
것을
'살아있음' 의 축복을 생각하면
한없이 착해지면서
이 세상 모든 사람, 모든 것을 포용하고 사랑하고 싶은
마음에

가슴 벅찬, 그리고
직립直立해서 가고 싶은 곳 어디든 갈 수 있다는
이 희열의 '직립' 조차에서도
감사함을 느끼게 하는
이토록 문학은
한 인간이 인간으로서의
모든 삶의 아름다움을 볼 수 있고, 때론
어려움을 조용히 내색하지 않고 극복해가는
마력魔力 같은 모습으로 내게 다가와선
나를 다 잊고 혼수상태의 경지境地에서 춤추게 하는
내 생의
작은 무대 위의
배경 같은 모습인 건가요.

멈춰진 시간

지금, 밖에는 가을비가 내리고 있네요
소리로썬 감지되지 않는
수많은 이슬방울 같은 가랑비가
늦가을, 마지막 남겨둔 이파리들의 날갯죽지를
저리도 어루만지며
행여 더 상처가 될까봐
가만히 보비되듯 닿아선
촉촉이 적시고 있네요
그토록 몸부림하며 몸 둘 바 몰라 하던
파편 같은 시간의 뒤적임을
이제는 멈추게 하려는지,
멈춰 선
두어둔 네 모습
그대로의 모습이
서럽도록 이 가을배경을 간직하려 애태우고 있네요

떠나간다는
떠나야 한다는 그 말 앞을 가로막고서
그렇게는 안 된다고
그렇게는 안 된다고 미리 왜 말 못했을까
그렇게 시간은 버티다
온 산천을 눈물바다로 만들었을까
아직은 토실토실한 네 맵시 감춰진 채인

흩어진 낙엽 깃을 에워싸고선
연초록에서 초록으로, 초록 영롱했던 어엿한 모습은
다시 연분홍빛으로
짙은 갈색, 검붉은 빛으로
강렬한 빛의 발광 같은 모습에서
제 모습을 빚어내어 머물고 만, 이 순간
부디 이대로이기를
황갈색이며 짙은 노란색의
분출噴出 같은 몸부림이여
눈부심!
멈춤!
놓치지 않으려 온 몸으로 막고서 가둬버린
역동力動이여.

이별

멀어져간다고
멀어져갈 뿐이라고
이제는 멀리에 있을 뿐이라고 그랬던 그 말이
이별이라고는 생각하지 못했었군요

그렇게 생각하기까진, 아직은 아니라고
스스로를 달랬었던 걸요
아무른 준비도 아닌
내 마음의 자리론 이미 깊숙이 잡혀져 있었던
너무나 완벽하고 그 이상은 다른 생각을
상상조차도 아니 했던
그녀와의
이별,

언제나
저만치 아침 햇살처럼 내게 비춰져 있었고
그 햇살이 무수히 반짝이며
풀잎 끝마다 수없이 매달려 뒹굴어질 것 같은
이슬방울들의
서로 부딪고, 스치고, 겹쳐 비켜가며 속삭이듯 한 모습처럼
맴돌던 그대 모습이
만약, 만약에 사라진다면
내겐 암흑으로 세상 모습을 잃을 것만 같은

침묵과 외로움,
싸늘한 고독에서 헤어나지 못할 것만 같았던 그대 모습,

오, 그러나
우연히 만난 그것이 인연이었고
인연이었기에 영원할 수 없는 것이었던 것을
모든 건
꿈이었고
꿈 깨어나면 전혀 다른 모습으로 되어있는 것이
꿈같은 현실과, 현실 같은 꿈의 흐름이었던 것을
그, 마지막, 정해진, 한마디
그 걸
사람들은
'이별' 이라고 말하지 않았던가요.

동녘의 그 반대쪽에서

얼마나 찬란했기에 넘쳐나
그 반대쪽에서도 저렇게
맑고 잔잔한 빛의 바스락거림이 쏟아져 내릴까
신비롭도록

얼마나 아름다움을 연출해 내려
미리부터 가득한
온 누리에다 역동적 움직임을 이끌어내며
스치듯 비켜가고
다가오듯 아직은 멀어져 있으면서도
저토록
눈부시리만큼
온 산과 들의 변두리며
그 윤곽의 언저리부터 돋구어내
섬세함을
뜨거운 애무로 다가서려하는 걸까

반사된
빛,
아니 넘쳐 건너와 부딪쳐버린
파편 같은 터져남과 그 흩어짐
반짝이는 알알이
곱고도 영롱한, 한결 같은

기다림의 마음 더 이상 가두어만 두지 못해 몸부림쳐본
저 강렬한 햇살의 소망이었을까
오늘도,
그를,
기다리려는,
눈물겹도록 아름다운 그 사연의.

아름다운 날에

타임캡슐 같은 여기
아카라카! 소리 들려오는 듯
그때,
우리는 「경상」의 얼 끌어안고
꿈을 키웠지
학교 담벼락 너머 운동장에서 들려오던
우렁찬 승리의 함성이며
거기, 열광하던 모교의 자부를
친구여
변할 수 없는 우리의 모습
서로 길이 되어 지고
서로 나침반이 되어지며
숱한 세월 흘러가도 우린 함께라네

그렇게 아름다운 날에
어제의 오늘이긴 너무 멀었지만
내일이 될 오늘을 위해
마냥 기쁘고 즐거울 날만 생각해보자
이제
우리는 얼마나 많은 날에
또 그렇게 부둥켜안아보고
여기
이곳에서
터놓고 이야기 해볼 수 있을까…

※ 고교 20회 동기회 사무실 개소식에 즈음…

'초대' 라는 말에서

'초대招待',
어원語源에서보담
느낌에서가 더 강인하게 다가오는
아름다운 그 말에
내 거절은 무너지고 말았다오

초대로
만난다는 그것은
서로의 모습을 볼 수 있는
이 얼마나 설레며 기다려지는 시간을
아름드리 안고 있는 행복한 순간인지

듣고 또 들어봐도 싫지 않은
당신이
나를 부르는 그 조심스럽고 신중한 경어敬語에
감탄하지 않을 수가 없어
나는
내 모든 걸 놔두고라서도 지금 당신께로
달려가려 합니다

내게 선생님이라 부르시면
나도 선생님이라 겸허히 호칭하렵니다

초대되어
만난다는 것은
새로움의 시작이 될
이상理想의 실현으로 함께 아우러지고
아름다운 삶의 터전에서
서로는 서로에게 모두 가진 걸 다 내밀며

때론 토론으로 이어지기도 하고
때론 조언으로 받아들여지기도 하며
때론 공감에서 이끌고 이끌려질
희망의 말이며
기쁨의 말이고
어쩜, 영원한 기다림의 말이 될 수도 있을 테니깐요
초대라는 말에서.

소녀야

꽃으로이기위해
잎은 그렇게 피어났을까
꽃으로이기위해
봉오리는 그렇게 펼쳐져
아주 나직이 고개 숙이며 수줍어했을까
한 송이 꽃으로 여겨지기 위해
보는 이로 하여금 얼마나 많이 애를 태우고
몸짓으로, 빛깔로, 향기로 나부껴
가장 어두운 곳에서부터
또 얼마나 많을 시간을 방황으로부터 홀로 아파했을까

소녀야
이슬 같은 눈물방울에서 더욱 반짝이려는,
하지만 행여 슬퍼하지 않기를
영롱한 모습 그대로이기만을
그리고 언제나 그랬듯
아침 햇살 같은 밝고 맑은 미소로 설레게 하는
영원한 그 모습이기를

이미, 내게 닿을 듯이 다가와
손을 내밀어 스치려는
눈(目)빛과 그 속삭이듯 한 목소리로 건넨 나직한 목소리,
너무나 급박히 이르려 당황한 채

어떻게 그 눈망울에
마주쳐볼 용기가 선듯 미치지 못해
그랬던가요, 바로 앞 그대 모습에
차마 위로로 훔쳐볼 수 없었던
날 숨 막히도록 감금해버린 소녀야.

묘비명에서

"세상은 내 것 같지만
나는 세상의 그것에서 있을 뿐이다
젊었을 땐
내가 세상을 정복하리라 여겼지만
최후의 나에겐
나 스스로도 분별치 못하고
모두 놓치고 모두에게서 무관심 된
언제
있었느냐의 기억조차도,
곧 사라져갈,
지취마저도 없어질,
이 세상에서의 잠시 존재의 모습이었을 것이다
그대에겐 '지금' 이라는 보석 같은 선물이 부여되어 있구나
그대는 '지금' 이라는 품에 안겨 있을 때
'사랑' 이라는 느낌을
누구에게서도
서로 서운치 않게 누릴 것을
그걸, 부디 놓치지 말거라"
바로,
지금.

마지막 가는 길

그 걸
아름다움이라 말할 수 있으면
그 아름다움은 이 세상에서 제일 아름다운 말이 될 것입니다
고통의 마지막 순간,
직전 24시간에서 48시간의 사투死鬪
그리고는 온화溫和함인 그 순간까지,
생명의 모습을 아직은 대결해 낼 수 없는 인간 능력의
한계여
가야하는 길은
올 때, 이미 정해져 있던 길인 것을
그렇게 예쁜 모습으로 안아볼 수 있다면
사랑하는 그 모든
말과 행동,
변화와 형성,
가짐과 버려짐의 몰입을 머물게 할 참으로 위대한
생명의 떠받침을

"가지 말라"고
"편히 가라"고 말할 수 있는
이별이라고, 영원한 이별이라고 짜인 각본,
어쩌면 고쳐볼 수 있는 그런 연극의 각본과도 같은, 그래도
무대를 지켜보는 수많은 관객 앞에선
"나는 주인공",

"내 인생"이라는 제목을 목전에 걸어놓고
인생은 어떻게 가고 오는 모습인지를 말하려 하지 않았던가

마지막 가는 길,
숨을 멎어야하는 역役을 어떻게 했어야 하는지
언제나 연습일 수가 없는 본역本役에는, 거듭해볼 수 없는
우리의 삶이여
하고 많은 말을 함축하고
아름다웠던 수많은 날들을 끌어안아 몸부림치는
갈등하는 마지막 순간
거기는 저세상
여기는 이세상이라고 사람들은 말하지 않았던가
이별하기 전
사무친 그리움일랑
스치는 눈빛만이라도 가만히 남겨보리라
얼마나 너를 사랑했는가를 마지막인 이 순간
그렇게 여겨볼 수 있는
작은 몸짓으로 이르러 가
혼연渾然히
떠나리라.

황혼의 빛

굽어진 허리
망가져가는 손마디
희끗희끗해진 머릿결
깊이 패인 얼굴 주름살
여위어진 다리에서
힘겨운 전진을 해야 하는 세상 삶이
모두가 짐이고 근심 극정 다해야 하는 여생인 걸

그 아름답던 모습들이 다 어딜 가고
공허와 허망虛妄함만이 치닫누나

눈부신 아침 햇살에서
천지를 포용包容 할 것 같은 기백도
작열한 태양과의 격렬히 갈증 해야 했던 투쟁도
일몰하는 석양의 그 눈부신
온통 짙붉은 노을의 끝없는 매료, 이도 한갓
한순간의 구름이 펼쳤다 사라져버린 것 같은걸

여명黎明과 석양의 쏠림이 없었더라면
밤과 낮의 번갈음이 만약에, 만약에 없었더라면
그렇게 만남과 이별의
변해야만 하는 운명적 번뇌가 없었더라면
나는, 고요한 호숫가
언제나 물결 찰랑이는 그 소리에 멈춰 서

언제나 물결 찰랑이는 그 소리에 멈춰 서
아름다운 모습들이며
자유롭게 이 몸도 한 끗 거기에 더불어 선
내 손에 닿는 느낌과
내 귓전으로 몰려든 선율이며
마냥 설레는 하모니Harmony 된 채
나는, 그 순간
온통 비단으로 깔아놓은 무대 위에서
날 것 같은 몸짓으로 광대가 되어
그렇게 차려놓은 무대를 독차지해선
뭇 관객의 시선을
단 1초도 흐트러지지 않을 유희적遊戲的 모습에서
뒤 흔들고 휘어잡으며 열광해
터져날 것 같은 부르짖음으로
내 젊음을, 내 젊음을 다시 돌려 달라 해보련만

마지막 남겨진
저 붉은 빛으로 물들어가는 구름 한 점
거기엔
내 영혼이 안착될 아늑한 집이 있다고,
지금
내가 무얼 하고 있는지를
무슨 생각으로 여기에 머물러

아직도 세상 희로애락에서 더불어 있는지를
노려보는 빛이여!
황혼의
그 슬픔만큼이나 기쁨이 어딘가에 있어 반겨줄 것 같은
세상으로
조용한 인도引導의 길을 마지막 비춰고 있는 듯한
눈물겹도록 아름다운 빛이여!

명상의 세계엔

거긴
근심 걱정 다 놔두라 하더라
가지면 무겁고
집착하면 자유롭지 못하고
오래 소유하려면 힘겨운 세상이라 하더라
바로,
지금,
이 상태에서 멈춰 서보자
세상과 나
오직 둘뿐인 것 외는 아무것도 없구나
저기 뭔가 들리는 소리는 그 소리로써
눈앞에 보이는 건 형형색색 조화이며
그 움직이는 모습까지도 한갓
스스로의 모습일 뿐, 제 모습 그대로 두어두자
나와 나의 세계와의 간섭이 아닌 걸로

지금까지
내가 본 것 모두와
내가 들은 것 모두며
내가 만져본 것 그 모두에서도
지금의 내가 아니기를 생각하려는
그 모든 것에서 벗어난 또 다른 세계,
모든 것이 비워져 있고
스침 하나 다가올 수 없는 움직임과

무게며 부피 하나에서도 염려될 것 없는 형상이며
과거와 미래, 현재의 절박한
시간적 공간적 간섭이 아무 소용없는
무한의 세계, 그 피안彼岸의 세계인 곳에
나는
홀로
지금, 여기에 있는 것인가
거추장스런 내 몸뚱어리마저도 허상인 것 같은 여기에

번뇌의 세계에서
평온의 세계로
느낌의 세계에서 무감각의 세계로
놓침의 세계에서 기다림의
설렘과
기쁨과
희망과
새로움의 세계로 이끌려 본
잠시,
내 모습은 그렇게 되어진
지금, 이대로의 모습이었던 것을
빛이 스며진 세계이었던 것을
'아름다움',
그것만이 가득 찬, 그것 말고는 아무것도 모르는
세계인 것을.

무예舞藝

휘감김이다
공간을 감싸고 안으며 압축하고 흩어버린
직선과 곡선의 이어짐과 토라짐이며
감정과 감정의 겹침과 쏟아냄의
아우름이다
뒹굴고 뒹굴려지고
휘감기고 끌어안음이며 포옹의
순간이다
아름답고,
아름답고,
아름다운 경지境地의 날카로운
지침이다
유연하고 부드러운,
너무나 연약한,
마지막 버팀이다
살결과 살결의 스침에서 느껴지는
한 남과 여의
완전한 예술품 '생화'
바로 그 자체이다.

명상의 춤과 그 선線

선Seon을 이루기 위해
그 얼마나 많은 몸동작으로 떨며 연이어서
손끝에서 발끝까지를
순간순간 놓치지 않고 형성해간
낙하하듯 한 꽃잎처럼 곡선을 자아내며
그렇게 춤추었을까
한 동작 한 동작의 처음에서 끝까지를

몸짓으론 부족해
표정으로
그 어떤 의미를 표출해 내기위해
수아법手啞法을 모르는 애타는 몸짓으로 농아聾啞를
설득하려는 듯한
겹쳐 스쳐가는 옷깃 끝으로 휘감기며
한 폭 그림과도 같은 모습과
튀어 오르는 멧새 한 마리의 날갯짓과도 같은
휘몰려오는 먹구름의 덮침과도 같은
허공을 수평과 수직으로 오가며
끊임없이 반복되는 급속히 빠른 동작으로
크고 둥근 원을 형성했다가
입체와 평면으로 오가는 도형 같은 형태여
무대를 휘감고 자맥질하듯 선율에 에워싸인 채
천천히, 천천히 옮겨가며
평행선에 이끌려 흩날리듯 움직이는 모습이여

휘감기는 침묵의 선상에서
고요가 깃들고
사방은 멈춰진
과거와 현재와 미래의 난동들이 물러나고
지금,
생각으로 함몰된 마취상태에서 멈추게 한
한, 순간의,
천국 같은 아름다움에서
모든 사물의 혼을 들이 삼킨 유희遊戱적
점과, 선과, 위치와, 거리
무게와 부피의 간섭이며
어떤 마주침과도 격정激情이 사라진
한 팔 끝의 뻗침과
그 반대쪽으로 길게 뻗어본 발끝까지에서
일직선으로 빚은 동요 되
빛깔도, 형태도 형용할 수 없는 선線의 모습으로
사라졌다 다시 나타난
그렇게
드러나고만
너무나 오랜 침묵의 사색思索에서 나락되어간
자아自我의 몽상夢想 같은
움직임을 드러내지 못하는
환상이여.

치명적 아름다움

부드럽고 담백하기까지 한 노란 빛,
그 위에 더한 푸른빛과 분홍빛의 섬광閃光을
편안하고 안온安穩한 연노랑으로 스며간
유희적遊戲的 변화여
시간을 접어가듯 접쳐가듯
직렬直列로 병렬竝列로 고르려다 다시 펼쳐져나간
직선도 곡선도 못되는 엇나감에
혼절하리만큼 휘황輝煌한 순간
배려와 그 색감色感으로 어우러지면서도
잔잔한 향기 내밀었네
극도로 절제된 형태로 영근
선線의 아름다움 다해
한 폭 찬연燦然한 동양화東洋畫로 멈췄던
영감靈感이여

무수한 삶의 흔적을 고뇌하듯
그 두께로 무게로 산적해간 가닥가닥
입체감이 도드라져
한사코 자유롭고 싶어 하는
오롯한 그 의지의 틈바구니를 짓밟으며
꽃대는 움직임까지 내보이는 듯 치솟아선
맹렬猛烈히
허공 한 기슭을 밀어내고 말았네

빛으로, 향기로, 움직임의 느낌으로 조여 오는
시시각각時時刻刻변화로
조각 같은, 생화 같은 휘두름이
바스락 소리마저도 내고 있는 듯한
환상 같은 거리에서 그 느낌으로 와 닿는
다급한 숨을 쉬는 듯한 화폭畵幅
격렬激烈한 조화의 섬세한 짓누름으로
화선지畵宣紙를 독차지해버렸네
아름다움이여!
오, 이토록 치명적인 아름다움이여!

꽃으로였으면

아마
꽃으로였으면
장미보다 더 붉은
아니 장미보다 더 화려한 오월의 여왕으로 군림했을 그런
오직 붉은 빛 한 결로만 감싼
예쁘고 오밀조밀한 모습으로
그 오월의 향기마저도 송두리째 유혹했을 것이다

영롱한
그리고 더없이 청순淸純한
눈부신 초록의 덮침을 비집고서 피어나야만 했던
그런 우아한 장미의 모습보다 더한 아름다움이었을 것이다

그녀의 '미소'가 직렬直列해오는 순간,
금세 터져날 것 같은
꽃봉오리의 풋풋한 싱그러움이 아직은 안겨진 듯해져 있어
바로
마주해보긴 너무 서두르는 것 같았고
조금씩, 조금씩이나마
점점 더 가까이로 다가갈 수 있는 용기로써는
시선視線의 떨림 같은,
멈출 수 없는 설렘 같은,
차마, 바로 다가가긴 너무 죄송할 것 같은 마음으로

그렇게 안타까이 바라만 보았네, 저만큼에서만 있는 그녀
모습을

다시 한 번
뒤돌아보는 그 눈빛,
더 강렬한 모습으로 날 떠밀듯이
그렇게 충격적 두려움이 다가온
너무
예쁘고, 순결한 아름다운 모습의
온통 꽃송이 바로 그 자체인 것 같은
강렬한 한 송이 생화, 짙붉은 장미 같은 모습이여!
다가오는 향기에서 감취 되고
수직 강하하듯 내리치는 미소의 눈빛에서
난, 그만
마취 된 듯 멈춘 채로
내 온몸의 움직임은 멎고 말았네
그냥, 한 번
스쳤을 뿐이었는데.

아름다움

인생을
아름다움으로 뒤덮어보고 싶다
아니, 아름다움이 나를 무참하게 덮친
그런 나이고 싶다
그러면
나는, 바로, 아름다움 그 자체인 것일 것이다

아름다움은
볼 수 있다는 것에서부터 알 수 있는
이 세상에서 제일 소중하고도 고귀한 능력의 선물인
생명, 바로 그 자체일 것이다
보이는 모든 모습들
그 어느 것 하나에도 아름답지 않은 것 있으랴
한 톨의 흙에서도
떨어져나간 돌조각 하나에서도
초록으로 뒤덮인 땅위의 모든 산천초목들까지에서도
그 모습
그림으로,
조각으로,
선율로,
서툴지만, 미흡하지만, 감히 흉내조차도 겨뤄볼 수 없지만
'아름다움' 이라 두려움도 없이 이름 지어놓고서
그걸 함부로 불러보는

부족한 표현의 그 말에서
행여 아름다움의 그 모습을 놓칠까 봐 한없이
조심스러워지는 것을

몸도, 마음도
두려워 떨며 아름다움으로
그토록 닿아보려 했던 절박切迫한 아름다움이여
이젠, 나도 그 아름다움의 일부일 수가 있을까요
저 떠도는 수많은 아름다움에 이끌려져.

나, 비가 되고 싶어라

이른 봄
보송보송한 흙에 안겨보며
기다렸다는 듯이 끌어안는 흙에 숨어들어
소리 없이 흐느끼고 싶어라
흩날리며
허공으로, 허공으로 떠돌다
속잎 터져나는 나뭇가지에서 멈춰서 선
더 머뭇거리지 말고 활짝 펼쳐보라고,
온통 세상은 보랏빛인 듯
아직은 초록 몸짓이 아닌 들녘 내비침이 너무 안타까워
빗방울 되어
내리는 것일까, 지금

타들어가는 길바닥에서
생명의 시한부時限附로 버려진 미물微物을
나, 비가 되어 끌어안아보리
회생과
다시 드러나는 초록의 희열 앞에서
가만히 여겨볼 줄 아는, 그런 천사 같은
몸으로
세상을 떠도는
모습도 보이질 않고, 범위도 불편하며
용량도 여운餘韻마저도 필요치 않는
그저, 그냥 바람 같은 스밈으로 어디든

'SOS' 가 되어 달려갈
나, 고운 단비가 되어 거기 가
이 몸, 한 톨 남겨짐 없어도 좋으련만
빗방울로, 그도 모자라면 빗줄기로
그러다 내 온 몸, 빗물로 녹아져 사라져갈
나, 그런 비가 되어보고 싶어라.

걸어가며

나는
저 나무가 되어 서 있어보고 싶다
흘러가는 저 강물처럼 흘러가고 싶다
걸어가며,
나도 저 새들처럼 날고 싶다, 아니
새가 되어보련다
꽃이 되어보련다
풀잎이 되어
작은 풀벌레를 감싸주련다
걸어가며,
내게 보이는 건 다 네가 된 나이고 싶다

어디선가 들려오는 새들의 노랫소리에
나도 그 한 톤Tone 리듬 되어
굵직한 베이스Bass로 소프라노Soprano를 감싸도 보고
그 리듬 따라 춤추는 하모니Harmony로
푸른 산 푸른 들을 누비련다

어느 봄날
은빛 찬란한 아침 햇살에서
미처 가누지도 못해 당황한 이슬방울처럼 뒹굴다
그 한 몫 영상影像되어
가만히 스쳐 가련다
걸어가며 지금껏 보이는 건 다
네가 된 내 모습 이라면.

사멸死滅의 그림자여

엷은 햇살
그마저도 서녘을 맴돌며 산 그림자를
길게 내밀고
산허리를 감돌며
천천히 천천히 어둠을 보듬고 머뭇거리듯
쉽게 떠나질 못하고 있구나

이제
어둠이 더욱 짙어오면
사방은 싸늘한 침묵과 적막의 변방邊邊에서
외로움으로 떨어야하는
모든 이야기 거리들이 몰려와서는
긴 밤을 다독거리려 할 것이다

빛에서 어둠으로
모습에서 환상으로
움직임에서 멎음으로
변화에서 멈춤으로
기다림에서 포기로 이르기까지
모든 기쁨의 상징들이
슬픔의 덫으로 여운이 남겨지면서
있음이 없음으로 바뀌는 한 순간을
못내 아쉬워하며

나타남이 사라짐이고
그도 혼연히 사멸의 자취에서 벗어나지 못하는
한갓 그림자여야만 했던가요

사라짐이 태어남으로 환생하듯
태어남은 사라짐의 근원에서부터
무한한 인간 열망의 갈등 같은 몸짓으로
대자연을 품어 안으려는
아니, 대자연에 섭렵涉獵 되려는
초인간적 현상으로 드리워진
모습이었던 것을
이토록 사라짐에서
가장 아름다운 모습의 그림자이었던 것을.

그곳엔 아무도 없었다

보이는 건
지천으로 널브러진 갈잎이며
비바람에 지쳐 떨어져나간 나뭇가지들의 뒤엉킴이고
빽빽이 들어선 소나무 가지 새로 비켜가는
찬바람의 싸늘한 광경뿐인
적막과 긴장의 사방, 그리고
홀로라는 주변의 응시뿐인 걸

아, 멧새 한 마리가 후드득
바로 앞 나뭇가지에서 노려본 듯하다 놀라 뒤돌아보지도 않고
어디론가 여운만 남겨둔 채
한 순간에서 한 순간으로 자지러지듯 멀어져버린
나는
이토록 한 조각의 파편인 것을, 어디에서도 더해질 수 없는

그러나
내겐
나를 에워싼 모습들이
오직, 나를 위한 것뿐인
아름다운 낙엽이었고 가지런한 나뭇가지의 뽐냄이었으며
빽빽한 그 틈 위로는 파-란 하늘이 조금은 수줍은 듯해
몰래 숨어든 바람 나리들의 간섭으로 엿보는
그렇게 서로는

아닌 척 하면서도 이끌리고 싶어 하는
동경의 대상이었던 것을
그로 인해
나의 모습은 더한층
그냥 스치는 객이 아닌 모습이기를
애써 주문呪文해보며
먼 공간
아늑하기만 한 그 품에서였던
잠시의 정경을
홀로의 몸짓으로 누려본 곳이었던 것을.

가을 편지

다가갈 수 있을까요
이렇게 설렘을 촘촘히 글로 새겨 논
예쁜 단풍잎 하나가,
넘치도록 새기다 못해 뒷면까지 새겨 둔
그렇게 넘치다 못해 숨은 뒤쪽까지 새겨 둔 사연이
가까스로 라도 다가갈 수 있을까요
이제, 머물 수 없어 거기까지를 가려는
단풍잎에 새겨 논 간절한 사연의 소망이

어딘가에선
기다림이 있다기에
기다림에 합류 할 그리움이 피어나고
파문처럼 번져가 다다름에서 반겨줄
그토록 절규의 몸짓으로 반겨줄
만남과 이별의
숱한 아림을
무슨 말로 어떻게 새겨
그 오랜 기다림의 너를 위한 나였음을
전할 수 있으랴
한마디 말도 놓치지 않고서.

가을 저녁

해질 무렵
높이 뜬 작은 구름조각들이 산기슭을 어르다 놓고
온종일 가을을 달구던 햇살은 이미
산 고개를 넘어갔는데
그렇게도 애태우던 하루
해는 넘어가고 없는데 아직 남겨진 몇 점의 구름이
조금은 붉게 물들려
산허리를 가만히 감쌌네

띄엄띄엄 하늘 한가운데를 가로질러 펼쳐진 구름 조각
쓸쓸한 듯 보이는 초저녁 어스름 그 틈으로, 홀로
저 산 기슭에서 가만히 숨어있는 듯한 초생달이
겨우 엷은 구름 틈으로 수줍은 듯이 끼어있고
스산한 바람을 일구며
외로움을 한꺼번에 몰고 와
곧 적막한 밤으로 내몰릴 것 같구나
모두 다 가고 없는데

온 들판에서 누비던 초록빛은
이제 쓸쓸히 어둠으로 잠식되어가고
주위엔
침묵과 외로움
그리움과 기다림의 허전함이 덮쳐오듯
지금을 깔아놓아 버렸구나

다가오는 봄 햇살의 수줍음과
그 긴 여름 나절의 따가운 햇살
성숙한 듯 가만히 밀려드는 가을의 풍성한 모습들이
오직, 이 저녁 한때를 가둬놓고
내 과거와, 현재며, 미래의 한갓 푸성귀 같은
한 여생의 항로에
골 깊은 회우悔尤를 다져보며 그도 무상無常한 것임을
한 존재의 부질없음으로 일깨워주는 것인지
나직한 분지盆地로 둘러싸인 그 한 봉우리에서
머뭇거리는
더욱 살아나는 듯한 초생달빛만
사멸하는 모든 찬란한 빛의 절정 앞에선 저항할 수 없어
어쩔 수 없이 점점 멀어만 가는 초저녁
그 서툰 모습을 겨뤄야만 했던가

계곡 어디선가에서 불어오는 산바람에 밀려가며

이제는 그만 쉬어야할 하루해에
사인Sign을 보내는 듯
슬픈 눈빛으로
그냥 스쳐만 버렸네
내겐 직접 말하지 않고 미안해한 듯이

적막하지만 그래도 아늑하기만 한 이 밤,

그 품안에서 자리 잡은 산기슭 작은 마을,
그 마을 풍물에 익숙 된 작은 내 토담집 창문 틈,
그 틈으로 어느새 밀려 와버린
갓 생겨난 엷은 초생달빛의 앳된 미소 곁을 맴돌려
몰래 뛰어 넘어온 귀뚜라미 한 마리가
방 기슭 어딘가에서 밤새 울음으로
이 밤을 지새워 달래려는 듯
접근해버렸네
아주, 내 곁 가까이까지 와서.

가을 비

비가 내리고 있다
비를 떠받히는 안개에서 살며시, 조심스레
무개를 다하고
온 몸을 수그리고 있는
모든 초목이며 나뭇가지 그 열매의 매달림까지에서도
함부로 비는 내리지 못하고
살며시 내려앉는 듯
조금씩, 조금씩 실비단결 스침 같은 머뭇거림으로
온 대지에 깔려있는 싱그럽도록 뿌연 안개를
함부로 접근하기엔 두려웠던지
그저 내리는 듯이 작은 이슬방울 같은 모습으로 천천히
아주 천천히 적셔가고 있다
변색되어가는 잎과 나뭇가지며
들판과 언덕, 산등성이와 그 고갯마루 따라서 이끌려가듯
티만큼의 얼룩이라도 되지 않으려고
마지막
이 한 해의 알뜰한 결실을 축복하는 모습으로
내리고 있다
나직한 바스락거림으로 내려와 한껏 안겨져 보려

짙은 갈색이긴 아직 앳된
누른 그러나 반짝이는 노란색에 더 가까운
황금 빛,

그 고운 빛의 해맑은 들녘엔
어떤 오염물도 접근해 올 수 없는 신이 내린
순결의 모습인 것을
이른 새벽부터
안개는 대지를 보호막으로 완전히 안아버렸고
빗방울은
그 보호막 안으로 접근해 가려 겹치고 겹치더니
시위示威하고 용기를 내어
그토록 설레던 세계로 덤벼오고 말았네
빛과, 모습과, 움직임과,
오롯한 탐욕의 본능을 더 감출 수 없어.

낙엽

그렇게 떠나는 것처럼
밀려간다고 말하지는 않으렵니다
예쁜 모습으로써는 더 이상 머물 수 없는
찬바람이며 뭇 서리, 그런 질투에서
아름다움으로써는 더 이상, 더 이상은 군림할 수가 없어
조용히 떠나는 것이라고 말하렵니다
소리 없이 낙하하며 흩날리던
그 화려한 모습의 빛깔과
종횡으로 뒤흔들며 땅으로 사푼히 떨어질 때까지에선
얼마나 유희적遊戲的 몸짓이었고
온통
하늘과 땅, 그 공간 모두를 가득 채웠던
황홀한 매료魅了였던 것을

바스락거림으로
길손의 발목을 부여잡는 듯한
그런 여운餘韻이고파
어느 날
자취도 없이 사라져갈 모습의 버팀으로 바동거리며
변화의 소용돌이를 저항하려 했던
처음이고
마지막이 될 그 한 순간
잔혹하리만큼 처절한 망가짐을 아무에게도 말하지 않으려

저토록
눈부신 빛,
예쁜 모습들이었던 것을

거기엔
소리 없는 음률이 있었고
모습 없는 형용形容이 있었으며
박자도 리듬도, 쉼표도 어떤 하모니Harmoni도
도래到來될 수 없었던
오롯한
순백의 악보에 나열된 새로운 진행형의 설렘
오직, 그대 이름 남겨진
단아端雅한 오케스트라의 형상만이었던 것을.

가을 절경

휘어질 듯 버텨내고 있는 벼 이삭의
그 무개는
얼마나, 얼마나 무거웠기에
온 논바닥을 헤매듯 허리통까지 휘어져가며
충실한 한 알의 열매라도 더 떠받치려
있는 힘을 다해
뿌리에서부터 이삭의 목전까지 버티며
농부의 손길이 오기를
가없이 보살펴 그 농부의 따스한 손길이 다가올 때까지를
숨 죽여 기다리는
네 모습은 참으로 경이로운
대자연의 아름답고 순결한 바로 그 모습이려니

늦가을 깊은 햇살에 파묻혀진
황금벌판의 펼침은
계절의 민감함에
복받친 듯
눈부신 반짝임의 바동거림으로
동과 서를 차분히 나눠놓고
지나온 길과 다가갈 길에서 망설이듯이
이 한해가 다가감을 말하려는 듯하는구나!

이제, 곧
저 들판에서 곡식이 겸허히
안으로 드리워지고
그 빈자리를
또 다른 모습들이 낯선 모습으로 다가오겠지
그토록 봄부터 가을까지
뭇 풀벌레들의 노랫소리며
실개천을 노닐든 작은 물고기 때들의 모습이며
나직한 흰 구름 아래로
물안개 피어오르는 산자락 옆으로 비행하던
철새들의 활보도
이젠 더없는
침묵의 시간으로 가기 위한 절정의 순간
그 모습으로 펼쳐 논
점점 짙은 갈색으로 변해가는 아쉬운
그러나 아직은 남겨진
눈부신 황금빛 황홀한 모습이여.

깊어가는 가을

그 누른 들판
무르익은 곡식의 제 모습들은 하나씩
어디론가 자취를 감춰가고
남겨진 빈자린 송두리째 빼앗겨버린 양
허전함이 그대로 드러난 듯해
거스를 수 없는 계절의 변화에서 또 한 번
무상無常한 모습을 일깨워주는구나

내 고향 마을을 에워싼 나직한 산들과
그 산을 가둬둔 듯한 들판의 모습들
언제나 동에서 서로 기웃거린
따스한 햇살과 마지막으로 남겨지던 어스름의 모습들이여

충실히 영근 곡식들은 열매로선 부족해서인지
아쉬운 마지막 종족種族이 아니 되기를
얼마나 많은 봄부터 가을까지를
햇살과 바람께 기도했던가
되돌아 갈
처음 내가 태어난 곳으로 되돌아갈 품으로 안기려
또 얼마나 원했으며
작열한 햇살과 세찬 바람
쏟아지던 소낙비와 천둥 번개에서 얼마나 떨었던가

그렇게 숫한 날에서도 겸허히 한 생명으로 머물러
있는 듯이, 없는 듯이
스스로 순응하며 나약한 모습 그대로에서도
아직은 머물러 떠나질 못해하며
깊어가는 이 가을 품으로 깊숙이 접어들어가고 있는가.

가을 단상斷想

맑은 하늘 아래
희뿌연 물안개 살포시
호수를 안아본 듯 펼쳐선
저 멀리 군락진 소나무 숲으로 다가가려 기울이며
수줍은 모습으로
그 주위를 맴도는구나

잎은
갈색에서 검붉은 듯이 짙은 빛깔로 저려있고
비켜간 아침 햇살 틈으로
반짝이는 것이 어쩜
지금 저기 어디쯤에선가 다가오고 있는
임의 모습 아른거려지듯이
머물지 못하는 마음에서 저리도 두근거리며
이 아침을 쏟아버릴
호수며
산기슭 깊숙이 파고든 고요의 더미를
산화시켜가는
한 폭 수채화水彩畵인 것을

빛과 어둠의 숨 막히던 질주,
아직
제자릴 찾지 못해 서성이는

새소리, 물소리, 바람 소리의 유희遊戱
그 기억과 무성했던 초록의 놓침에서 이끌리는 허탈

멈춰야지
저 찬연燦然한 아침
물안개 깃으로 휩싸여져가는
만남과 이별의
숱한 이야기 거리들을

지금,
떨어져 내리고 있는 낙엽 한 잎
곡예 하듯 아름다움을 온통 뒤집어쓴
허공을 유영遊泳하는, 그 순간
온통 하늘과 땅이 뒤엉켜가며 몸서리치듯 떨며
더 이상은 터질 것 같아
물안개에 떠안긴 채로
천천히, 천천히 숨어들어가고 있었구나.

가을 나들이

정다운 이와
저 낙엽 떠밀려와 묻혀버린 길 위로
천천히 거닐어보고 싶다
낙엽은
두 사람의 영혼까지를 예감해보며
조심스레 흩날려와
딛고 갈 골목마다
아끼지 않은 풍만함으로 안겨다 줘
미리부터 와
반기려했던지
무심코 거닐기엔 너무 죄송하리만큼
정성스레 쌓여져
한마디 대화도 필요치 않을
두 사람의 관계를 묶고 말았네

거기엔
바스락거림의 나직한 선율과
조금은 쓸쓸한 듯한 잎사귀의 미소
황홀하리만큼 반짝임의, 그 맑고 고운 빛으로 감춰진
나만이 알고 있는
몰래 숨겨진 길목이었었네

휘황한 대지의 드리움으로
모든 시작과 끝의 두려움을 묻어놓고선
한줄기 바람 되어 이끌어도 보고
저 멀리에서부터 다가온 사연의 맺힘마다에도
조심스레 다독여
언젠가는 우리가, 또
이렇게 만난 것처럼
이별의 그날을 위해야 할
남몰래 숨겨진 깊은 그 아픔을 서럽지 않게 하려
낙엽은
앞질러 와
정겨움을 원 없이 쏟아놓고
끝이 닫지 않을 먼 길을 펼쳐선
저토록 날 반겨주려 하네.

가을이 오고 있네요

구름 한 점
높이 떠 멈추는 듯 가만히 흐르고
행여나 맑은 하늘 그 파-란 배경에 얼룩 지울까 봐
숨죽여 가며 떠가는 모습이
높이 떠 질주하는 알바트로스 새의 모습처럼
최고의 높이에서
가장 멀리까지 바라다보며
지상의 모든 이목구비耳目口鼻를 어루만지듯
길게 펼친 양 날개의 저어감은
하늘과 땅 그 어디에서도 구속 될 수 없는
자유의 비상飛翔이여!

그 아랜
나직한 산들이 조각처럼 나열되었고
산을 동경하는 들판이 사무치도록 에워싸고서
마지막 남겨진
노을에 비취는 은빛 찬란한 반짝임의
환상 같은 조명을 독차지해 받고서는
넘치는 기쁨과
복받친 환호
불타는 정열의 몸짓으로 그렇게 포옹 돼
내쉬는 숨소리와

들이키는 긴 호흡으로
온 산하를 밀고 땅기고 있듯 저 멀리에서부터
천천히, 아주 천천히
단풍든 잎들과
풀벌레들의 슬픈 노랫소리
초록빛 멀어져가고 있는 이별의 모습들을 안고서
이쪽으로 조금씩, 조금씩
오고 있네요.

가을의 기도 (1)

증오와 오욕汚辱과 저주의 소용돌이는
다 어디로 가고
그 여운마저 이끌고 간
빈 공간 어느 틈으로 스며온
가을 서투른 햇살 한줄기
여기 다가오고 있으니
고요와 평화
아직 몸 둘 바 몰라 하는구나
사랑하는 사람이여
나의 몸과 맘 간신히 맡겨볼
그 위태하고 짧았던
한 순간의 기회를 위해
너무도 오랜 시간을 타협하며
물러서도 보고
이해하려고도 했으며
끌어안아보려 했던
부족한
이 못난 사람을 용서해주옵소서

그 부족함을
말로 다스릴 수 없어 몸짓으로 다가서려 했고
못 다한 사랑의 모습을
빛깔로 매워가며

계절의 문턱마다 흩뿌려가며
아름다움을 연출해 보려
얼마나 많은 제스처Gesture로
사방을 응시하며
그로부터 버려지지 않으려 했던가요
봄 한철 낭랑한 선율의 밀려옴처럼
무덥던 여름날
열애하듯 산천을 뒤덮던 초록 눈부심처럼
이 가을에 다다르려
기다림과 그리움과 애태운
터질 것 같은 가슴을
숨죽여가며
그 어느 하나를 위해서라도
찬연燦然한 가을의 모습에서
더 밀려날 곳 없는 위치에서까지
겸허히 가보려 하옵니다

한 잎
낙엽의 낙하에서 멈춰진 시간이여
부디 떠나질 말기를
멈춘 채 그대로 이기를
그렇게 원하는 대로일 수만 있다면
나의 사랑도 그렇게 머물러 주었으련만

이별이기 위한
만남이었는 줄 미리부터 느낄 수는 없었지만
세상에 차려놓은 행복의 모습과
세상에 뿌려놓은 사랑의 깃털과
세상에 남겨진 기쁨의 것들을 위한 영원한
믿음이기를

또 흘러갈
이 가을
지금, 굴러 내리는 낙엽의 모습이
바로 내 모습인 것 같은 그런 마음으로
세상 모든 아름다움을 위해
기도하렵니다
마지막 남겨진 저 찬란한 시위示威 같은
그런 이별의 뒷모습처럼.

가을의 기도 (2)

모든
번거로움 다 거두어 주소서
그렇게 아침부터 밤까지
이제는 피곤한 그 모든 걸
하루해가 저물어가듯
가만히 이 몸도, 이제는 그만 쉬게 하여 주옵소서

이른 봄
부산하던 하루해로부터
봄 햇살 소롯이 받아 쥔 빛나던 소망
그 소망 이루려 두 팔 걷어붙여선
온 몸으로 흙을 비비댔고
땀방울이 솟구치던 작열한 여름 태양에서도
내 치솟는 열정 앞에선 더욱 가속도의 힘으로 넘쳐났으니
저렇게 착하게만 자라준 온 들판의 농작물은
어여쁘기 이를 바 없구나
숭고한 가을, 가히 부끄럽지 않게 맞게 하소서

온 들판이 황금빛으로 변해가며 충실한 곡식이
저리도 너울대고
햇과일이 서로 뽐내듯 제 모습을 드러내며
누구든 오라 손짓하는데
오, 저토록 선물이 가득 채워진 산천의 누리여

나도 이젠 등에 저린 땀 잠시 식혀보려 하오
그리곤 내게 안겨다 준 한없이 많은 저 선물꾸러밀랑
흔쾌히 내가 아는 모든 사람들께 자랑도 하며
그가 받을 때의 기쁨 같은 그런 기쁜, 참 마음으로
가만히 드리려하오

거칠게 들리는 말 보담 부드러운 말로
부담 없이 받아줄 수 있는 가벼운 말로
귓전으로 다가가면 이끌려지는
그런 고운 선율 같은 리듬 되어 설레게 하는
나직한 속삭임으로
조심스레 다가가 이 기쁨 모두 전하려 하오
그러고선
봄부터 가을까지 그 숱한 날, 내게다 안겨준
햇살과 바람과
이른 새벽에서부터 어스름이 깔려오던 저녁이며
한밤중까지를 모두께
감사하다고 기꺼이 전하고 싶은 이 마음 알뜰히 거둬
이제는, 가지런히 몸 낮춰 기도하렵니다
참으로 긴 기도문을 옮겨 새겨서
당신께도
오직, 사랑하는 당신께도 높이 들어 전하려 하옵니다.

가을의 기도 (3)

넘실대는 저 파도는
어떻게 달래야합니까
초록 짙푸르렀던 초목이여 그 무성했던 시위示威는
저리도 슬피 물러서야 했던가요
강력한 빛, 불타는 단풍의 누리여
숨 가삐 덮쳐 와버린
눈부신
황홀하리만큼 감당하기 힘든 절제節制
가눌 수 없어 놓쳐버린
저 산천의 부르짖음을 어떻게,
어떻게 달래야하나요

정열의 광음狂飮 같은,
그 치닫던 진통으로 안겨다 준,
가지가 찢어질 것 같은,
무개를 다하지 못해 하는,
온몸이 어스러질 듯 휘어져가는 저 열매의
만삭을
감히 어떤 고운 말로 건네며 달래려 접근하랴
경이롭고 순결한, 장엄하고 고결한 사랑의 덫을
계절은 무참히 흠집 내어버리고선
저토록 아픔을 안겨다 준 뜨거운 사랑이었으랴
쏟아지는 눈물,

가슴 터질 것 같이 뜨거운 사연의 복받침,
이 심장을
어떻게 끌어안아야 멈추게 할 수 있으리오
오, 정열의 광란狂亂이여
어떻게 해야 하오니까
어떤 모습으로여야
저 강렬한 솟구침에 저항할 몸짓으로
두렵지 않게 다가갈 수 있나이까.

정열의 8월이여

초록
눈부신 하루이기 위한 여명黎明의 응신
비상飛翔하는 새벽으로부터
은빛 반짝이는 아침이슬이 꿈틀거려오면
이미 햇살은
이 아침을 끌어안아놓고
온통 짙푸른 세상, 눈부시도록 강렬한 빛으로 덮쳐선
아름다운 하루의 장엄한 서곡序曲에서부터
천천히, 천천히
춤추며 다가온다오

비워둔 맑은 새벽
어느새 날아든 멧새 한 마리가
아직 악보도 마련하지 못한 오선지를 가로채
속삭이듯 그 낭랑한 목소리로 성급히
선율을 창문 너머로 건네며 날 유혹하려네

이제, 곧
저 열정적이고도 작열하게 밀고 올 뜨거운 태양의
생동감이
넘실대며 숨 가삐 다가올 것이며
희망과 용기의 불타는 정열, 8월 중천에서
이 젊음의 가슴으로 격렬히 파문히고 말 것이니

그토록 기다려온 마음까지를 다해
8월이여
오, 8월이여
그립고 애태운 그 마음까지를 놓치지 마소서
내게 더 강렬하게 떠안겨다 주소서.

초록 이야기

초록빛이면
세상이 모두 초록처럼 푸르러가고
초록빛 짙어오면
초록처럼 다가오는 사람이 있다기에
모습도 초록으로
느낌도 초록으로
초록으로 타이르고 초록으로 저항하며
초록으로 안으려했었네

오시는 길목엔
초록 설렘으로 여며
행여 오시려다 멈춰서지는 않을는지 마음 졸여
그렇게 해서라도
그 모습 초록 그대로이기를
그때부터
아주 옛날 그때부터
이젠, 기억마저 희미해져가는
지금은 그 기억마저 잊혀질까 두려워지는 안타까움으로
초록을 간직하려 그러렵니다

초록은 이토록 나의 소중한
모습이고, 느낌이고
때론 나타나고 때론 사라져가는
걷잡을 수 없는 순간을 진통하며
나를, 온통
초록으로 품어줬기 때문이거든요.

가둬둘 수 없는 들꽃

들꽃
뜨락에선 살 수 없데요
너무 여리고
너무 연약해, 그리고
그 향기 가둬둘 수 없어
오가는 길손에겐 벗이기 위해서이고
스치는 바람결엔 그도 자유롭게 날려지고 싶어서이고
뭇 곤충과의 하모니 되고 싶어서이기 때문이예요
들꽃은
깃이 된 날개가 되고
구름이 되고 바람이 되어 멀리 멀리
그리운 사람께로 어디든 날아 가선
안겨지고 싶어지기
때문 이예요……

아침 안개 (1)

안개가 덮쳐버렸구나

머물러있는
모든 사명使命과
지상地上 뽐냄
변덕스런 모습들을 모조리 안아버렸구나

앞도 뒤도
사방 어디에서도 갈 곳 없는
길과 길, 길의 기다림, 길의 거리에서까지도
변화의 세상을
멈춘,
어떤 부딪침도 없는,
온통 새하얀 그리고 한없이 유연하며 부드러운
미세하고 미세한 이슬방울들의 흩날림이 서로 안겨져
가누려는 몸짓에다 넉넉히 포옹해 감싸버리고만 채 있는
곱디고운 모습이여

안아버렸네
아니, 모든 모습들이 안겨져 버려 그 품에서
잠들 것만 같은
이 아침의 고요!
거대한 스크린Screen!

엷은 햇살이 조명해온 배경을 저토록, 간신히

거건
지금, 바로 나를 둘러싼
흰 솜털 같은 양탄자 위에서 뛰놀고 싶은 유혹으로
그 모습과
그 빛깔
어디선가에서 들려올 것 같은
우렁찬 오케스트라의 휘두름이
나를,
통째로,
안아버린 뽀얀 모습이었네.

아침 안개 (2)

맑은 하늘 위로 얼마나 동경했던지
아직 햇살이 다가오지 않았는데
흰 안개는
대지를 떠나려 온 몸이 들뜬 채 천천히
아주 천천히 떠오르기 시작하는구나
작별의 말, 그 말하기엔
너무 아픔인 것 같아
가만히 그대로 두어둔 채로
아무도 딛지 않은 촉촉한 이 아침의 땅 언저리
그 뺨에다 살며시
햇곡식이 초랑초랑 반짝이며 설레는
어찌할 줄 몰라 하는 모습을 가만히 달래만 놓고서
저 하이얀 안개는
거대한 품, 대지와의 거리가 점점 멀어져가며
산중턱을 지나
드디어는 능선을 따라서 멀리 멀리로 사라져가고 있구나
남겨진 흔적
새로운 빛과 아우른
무수히 많은
모습들의 유희적遊戲的 면모를 통째로 두어두고서

그 새로운 세상
거긴 황금벌판이 온 세상을 장악한

광활한 벌판의 휘두름이었고
구비치는 강물의 둥실 됨이었으며
계절의 마지막 격정激情 같은 장엄莊嚴함과
새들의 노랫소리
풀벌레들의 우렁찬 하모니Harmony며
알알이 터져가는 햇과일의 맵시로 남겨진
초롱초롱한 대지 위에 펼쳐 논
한 폭 수채화인 것을

맑디맑은 아침 하늘
아직은 이른 아침, 여명이 막 떠난 후의 여운에서
선잠을 깬 모습으로
밤새 안겼던 대지의 속삭임을 귀담아 듣다
떠나야할 때가 되었기에 혼연히 그렇게
아늑한 공간 고요의 품으로
깃도 없는 가벼움에서
오직 스스로의 사멸이기 위한
아름다운 대지의 앳된 모습도 두어둔 채로
그렇게
둥둥 떠가는가
저 형용할 수 없으리만큼 영롱한
모습과,
빛깔과,
움직임으로.

여명黎明

빛으로부터
하루는 조명되며 모습을 드러내고
모든 움직임이, 변화가 엿보여, 또 그렇게
온 대지는 웅성거리고
생성사멸을 요동치게 하는가

칠흑 같은 어둠을 찢어내고
그 숨 막힐 것 같은 틈으로 빚어낸
빛,
빛은 직선이고 함축含蓄이며
모든 덧붙임을 관용치 않는 즉각적이고 단호함이며
모든 시간과 공간을 배려하면서도 여분을 허용치 않는
돌출인 것을

점도 선도,
모습도 빛깔도,
기쁨도 슬픔마저도 송두리째 안아버린
스밈이여

태초에 방향을 제시했고
느낌을 던져왔으며
그 느낌으로 새로움을 알 수 있어
초자연의 서두르지 않는 간섭이 너무 귀여워
멈춤으로 맞이할

한 가닥 기쁨이 동에서도 동녘으로 그 끝 어디에선가에서
이토록 기다림을 열애하며
황급히 다가오고 있는구나, 휘황輝煌한 격동으로 이렇게
어떤 타협의 겨를조차도 없이 저항은 무너지면서.

아름다운 대자연

봄 햇살
철없이 나부대던 때가 바로 엊그제 같은
그러다 어느 순간
여름 온 나절에 투정하던 모습이 아직도 선히
보이는 듯한데
벌써 저기, 가을이 몰려오고 있다고 모두들 들떠
하던 일 멈추고선
밖으로 뛰쳐나왔었네
기다림도 다가옴도 그만 엇갈려 채 마주하기도 전
안타까움에
서로는 쉽게 다가서질 못했었네

거기엔
봄이 그토록 동경하던 초록빛 소곤거림과
그 여름 줄기들의 자리다툼과
마냥 설렌 가을, 알찬 열매들의 흐뭇함을 내려다보고 있는
파아란 하늘
그 아래 넘실대는 새하이얀 구름
그 유영遊泳하듯 비행하는 짙은 향기들의 스텝Step이여
이토록 가슴 뭉클한
계곡과 아늑한 산천이며 들판과 언덕을 누비듯이
휘돌아가는 유유한 강줄기에 이끌려선
그렇게 온종일 나들이에 나서고 싶었던가요

반짝이는 햇살이 다가올 때마다
불러보고 싶은 그대 이름 내비춰
가만히 허공으로 몰아가선 어디든 휘젓고 비상飛翔하려던
사방에서 이끌려 모여 영근 오케스트라여!
천생天生의 선율을 한곳으로 몰아
격렬히 회오리쳐보는 한 지휘자의 열정 같은
그 불타는 몸을 가눌 수 없으리만큼 휘두르는
격정激情의 열애熱愛, 한 알 탐스런 모습이여!
다소곳이 영글어져가게 하는 대자연의 경배敬拜여!
숭고한, 그러나 고이 간직된 겸허謙虛
그냥 두어둘 수 없어 곱게 다스려진 정연整然한
눈부신 반짝임의 빛,
아름다운 계절의 수다처럼 변덕스러운
오, 한 폭
그림 같은 모습이여!

토목土木 요람搖籃의 꿈

지구는 화석연료중심으로 한 에너지 자원의
고갈과
기후변화로 인한 생활의 변화가 불가피하다는 점,
한 치의 오차에서도
거대한 형상이 무너진다는 긴장감의 첨단기술,
인류 삶의 질을 조롱할 정도의 영역,
도전해볼 만한 젊은 이상의 측도로서 자리 잡을 확신인
토목은
흙을 삽질하는 정도의
소위 비 관심인 분야로 폄하貶下하고 매도하려는
극도의 작은 영역에서라도
무지의 소치所致로써 허용이 아님을,

아름다움중의 아름다움으로
모든 예술의 원초며 최첨단의 과학인
토목산업의 인간 국토 간섭은
그 옥석인 인간의 각종 인프라 시설을 조성하는
공간 어디에서도 창조이고
영원히 벗어날 수 없는 인류의
역사적, 획기적 부축인 것임을,
기원전 3세기, 진시황제의 '만리장성' 도
그 이전 이집트의 '피라미드' 도
이미 5,000년 전의 토목기술이었던 것을

최첨단 기술적 교량
다목적댐
고속도로
고속철도 및 지하철 그리고 항만시설이며 해양구조물
원자력발전소며 인공 섬
이 모든 모습들이 '토목' 이었다는 사실을

쾌적한 환경이며 편리하고 안전한 도시 공간
그러나
이토록 위대하리만큼의 고도기술일 수록
더욱 미세한 실수마저 에서도 허용될 수 없는
대형사고의 위험이 도사린다는 것을 경시해서는 안 될
예컨대
가거대교의 침매터널은
최대수심이 50m에서
심해의 파고, 높은 수압 등 온갖 난제를 극복해야 하는
최고의 정밀작업인 토목공학으로 성근 과학기술임을,
이른바
토목사업은 그 지역의 경제, 역사까지도
뒤 흔들어버릴 수 있는
강력한 기교의 모습으로 묘사되는
과학적 예술
예술적 자극

자극적 모든 영역으로 자리매김한
예지銳智의 이상理想으로 휘묻고 있는
최소한 저만치에서 머문
인문학의 소망이었을 것이고
시詩의 맺힘이었을 것이며
이 땅의 탄생에서 맞이할 요람 바로 그 자체였을
새로운 꿈의 시작이위한
근원이었을 것임을.

빛의 소산所産

흰색과 검은색
흰색이기 위한 삼원색이 요절한 빛이라고요
빨강 초록 파랑의,
어쩔 수 없이 검은색으로여야 했던
모든 빛의 여론들이 결국은 그렇게
세상 화합을 못하고 만 걸까요
다시는 회복될 수 없는 빛으로

화이트아웃white out의 백시白視는
신비롭도록
하늘과 땅 모두가 하나인 듯 혼란스럽고
우리의 감명은
모두가 소년, 소녀가 된 채
아름다운 빛, 새하이얀 눈빛의 눈부심에 황홀한 것을
오, 그러나 방향감각마저도
물체의 형상마저도 뒤엎어버린
환상적인 순간의
대자연이 일궈 논
두렵도록 펼쳐 논 작난감 같은 작품인 걸까요

그러다 더러 지루하면, 변덕스런
블랙아웃black out으로
빛이 없는 암흑 상태에서

온 세상이 떨고 있는 짓궂은 모습을 연출해보려 한 걸까요
조명을 바꾸면
새로움이 있을 것이라는 설렘 때문에
한 장막의 연극에서 다음까지지를 자극하기 위한
암전暗轉상태 같은
또 아니면
서서히 어둡게 하는 페이드아웃fade out이나
순간적으로 조명을 끄는 컷 아웃cut out 같은
환생 같은 모습으로 소용돌이쳐보는
빛을

그렇게
소생하고 사라져가며 변해가기도 한
절묘한 소산의 몸부림은
그 어느 것 하나에서도 염탐해 볼 수 없는 인간의 욕망인
것을
빛 같이 녹여보고
빛 같이 훈령訓令하며
빛 같이 살다 가란 말
그 말 해주고 싶은 모습일까요.

직선과 곡선

직선은 곡선을
곡선은 직선을 서로 동경하는가 보다
직선이 힘겨울 때 곡선을 연모하듯
곡선은 언제나 직선을 부러워하듯이 아우르고 싶어진
그러면서도
언제나 반대급부에서
비교하고 측정되며 애태우는
그도 작은 어떤 형태의 사건 같은 것으로
때론 세상을 번거롭게 하기도하며
끊임없이 돌출하려는
그래서 또 다른 세상에서 유영遊泳하고 싶어 하는
아름다운 모습의
그 감미로운 펼침으로 포획捕獲된
너인 것처럼, 나인 것처럼 머물러서
언제든 있는 그대로의 모습에서부턴
벗어날 수 없는
가슴 아픈 열애熱愛인 것을

직선의
그 관통하는 모습에 곡선은 놀랍고
곡선의
그 유연하고 희열에 휩싸인 자기만의 변화에서
그토록 직선은 남몰래 사모해왔던가

우리의 삶에
직선과 곡선의 견제함을 버릴 수 없는 건
지혜의 문명에서 타들어가는 그 틈에
윤활유 같은 여분과 느슨함이 다가와
가끔은
아름다움을 끌어다 곁들여도 보고
사랑의 풀 섶 같은 작은 둥지를 틀어 숨어도 보고
이해와 관용, 배려와 양보
그리고 용서의 심판이 내려지기를 기다리는
피의자被疑者의 모습 같은
저버릴 수 없는
미더운 상존相存의 샘에서
양과 음의 연속처럼
날줄과 씨줄의 서로 부축임처럼
그렇게 직선과 곡선은
이토록, 언제나 아름다운
벗어날 수 없는 하나같은 모습으로 서로 떠받쳐진
영혼의 지렁 같은 버팀이리.

돈Money의 모습

삶의 목적을 행복, 쾌락이라고 하던가요
우정, 자유, 사색思索 그 어디에서도
돈에 포함된 그것 외는 중요하지 않다는, 그러나
그건 단지 추상적 모습인 것을
참된 행복의 근원으론
너무도 아닌,
그 깊이에서부터 범주範疇된 마지막까지
행복의 향기를 느끼기엔 너무도 아닌,
욕망의 본질
바로 그 퇴색된 허망함이 기다리지 않던가요

국민 총 행복 GNH의 개념에서 버텨본
국민총생산 GNP의 몫은
진정 알 수 없는 모습이었을 뿐
국민 총 행복을 70여개로 가칭한 변수 중에는
당연히 '돈' 도 포함돼 있다고 말할 수 있다면
얼마만큼의 가구소득으로 비교, 기준, 측정의 나열로
분석된 것인지
그렇게 여겨볼 수 있는
그렇게 단정해 볼 수 있는
그렇게 생각하고 살아가고 있는
그 미묘하고 복잡한 행복의 수치가
영원한 미궁에서 현재 진행형으로 가고 있는 것은 아닐까요

'돈' 은
인간의 생활을 풍요롭게 하고
어쩌면 목숨과도 같은 필연必然이고 필수必須적인 것으로
부각 되는
아무도 이를 부인할 수도 없는
유형, 무형의 그 어떤 것이지요
그러나,
또 다른 면으론
이를 더 멀리에서 바라보는 그런 모습
그런 조명의 모습에선
더 아름다운 모습으로 인간을 연마鍊磨해가는
그 이상의 것들이
너무나도 더 또렷이 보일 수 있다는
그렇게 선택된 행복의
경이롭고도 고귀한 삶에
명쾌明快하리만큼 상상 이상의 지표로 포석布石된
실로 아름다운,
단 한 번뿐인 삶의 소중함에선
합류해보지 않을 수 없는,
진정 삶의 질을 어디에서 어떻게 찾아야하는지를
갈망하지 않을 수 없는,
내가 나를 바르게 이끌어 가야할 길이 어디에 있는지를,
'행복' 이라는 어원語源, 그 이상의 최상은 더 없는 것을

지금, 저토록 날 감금해오는
'돈' 의 오만한 모습 앞에서
고뇌해야 하고 방황해야 하는지를
인간세상이 슬픈 모습이어야만 하는지를...

모성애母性愛

남극의 매서운 눈보라에서 온 몸이 거의 다 눈에 묻혀가도
꿈쩍 않고 버티는 물범의
자기 모성애,
오직 몸속으로 파고들어오는 새끼의 보호를 위해
그저 엄마 젖을 찾아 파고드는 새끼만을 위한,
거센 눈보라가 몰아치는 얼음판 위에서 견뎌내는
강인하고도 거룩한 모성애의 본능이 아니고서는
감당해 낼 수 없는
온몸으로 죽은 듯이 누워서 막아내며 발휘하는
모성애 희생의 힘은
가히,
인간으로서도 감당해 내기 어려운 힘인 것을

야생 동물의 세계에서
종족種族연명을 위한 의지의 앙탈은
그 신비스럽도록 아름다운 자연의 모습으로 드러내는
순수함임을

엄마 '대왕문어' 는
일생동안을 통틀어 단 한 번밖에 새끼를 낳지 못한다고 하니
그렇기에 더 없이 소중한 자신의 알들을
몸속에 잘 간직했다가

은신처에서 약 6개월을 먹지도 않고 알을 지킨다고 하며
지구 어딘가에 선
겨우 어른 손톱만한 크기의 '딸기독화살개구리'란 놈의 모성애는
자신의 등에 올챙이를 하나씩 업고 한없이 높게만 보이는 나무 위를
작고 미약한 몸으로서도 결코 포기하지 않고 계속 올라가
제 새끼가 안전하게 살 수 있는 것 같은 자리에다
그도 연약한 체구로 있는 힘을 다해 모두다 옮겨놓고야 마는
눈물겹고도 가슴 뭉클한 모습들이 있다고 하니

모성애,
생명보다 더 강한
생명을 넘어뜨리는 힘을
생명을 뛰어넘는 희생의 힘을
이 세상 존재의 그 어떤 것도 이 저항의 힘을 막아낼 수는 없는
강인하다는 말 그 이상의
이미 그것을 초월한 모습,
어떤 말로써도 감히 형용해 표현해 낼 수 없는
참으로 아름답고도
처절하도록 눈물겨운

생명의 탄생을 온전히 연이어가려는
그것은 바로
생명 보로甫老의 시작이고 계속이며
목숨이 다할 때까지 지켜내려는
이 세상 어떤 곳보다 평화롭고 안온安穩하며
자유롭고 풍만한 영역으로 만들어진
새끼를 위한 그 엄마가 일궈내는
고결한 보금자리인 것을,
희생과 사랑과 미덕으로 감싸져 영원히 남겨져 갈
생명 원초의 본질적 상징인 것을,
우주의 축복이고
그 모든 공간의 빛이며
움직임의 예술이고
변화의 극치極致로 영글어져간 마지막 사랑의 빛
생명 그 자체의 모습인 것을,
그 자체의 아름다운 정체正體인 것을.

108배拜의 참사랑

집념과 욕심을 내려놓고 사죄하듯
겸허謙虛한
자신을 성찰省察하는
어쩌면 여기에서 비롯된
세상에서도 제일 아름다운 모습의 참사랑일는지도

중생의 온갖 번뇌
불교에서는 108번뇌라 조심스레 일컫고
염주의 숫자도 108개로 가다듬고서
인간의 번뇌가 하나씩 소멸하기를 갈구하는
마음에서였다고 하며
사찰의 계단도 108개 계단으로 소망하는
108이란 숫자의 복된 개념은
석가모니 탄생지인 인도에서부터라 했으니
사람의 눈, 귀 ,코, 혀, 몸, 마음인
6개 각각의 기관이 느끼는
좋고 나쁨의 변화가 36가지로
거기에다 과거와 현재와 미래를 모두 겸비하면
108이란 숫자가 소롯이 탄생되어진다고 하니

인간은 수행에서
108배 참회라는 의미 깊은 수행의 길과
준엄한 천배千拜까지에서도 몸 낮춰
한없이 자신을 질타하듯

스스로에 그 힘겨운 수행의 길에 선
이른바
인간이라는 부족함을 불쌍히 여겨 관용해보려는
누구도 피할 수 없는
위대한 그 모습을 따르려는 소리 없는 교훈일 것임을

무릇
국한된 종교의 의식에서뿐만이 아니며
수행해야하는 멀고도 험난한
자신과의 싸움이기에
더욱 숙연한 정도正道의 모습인 것 같군요

양측 팔꿈치와 무릎 그리고 이마까지를 땅바닥에다
부족함 없이 최대한의 접근으로여야 하는 그 정성,
더욱이
티베트 식 전체투지全體投地는 머리, 다리, 팔, 가슴, 배 등
온 몸을 땅바닥에 있는 힘을 다해 던져가며 절을 하는
그 까다로운 정신의 힘은
실로 신의 경배敬拜며
믿음의 상징이고
강인한 인간의 민족성으로까지 보여 지는
너무나도 착한
아름답고도 근원적 사랑을 일궈내는 108배의 모습이리.

아름다운 모습들

생활의 달인達人병

어느 날
오픈 골프대회에서 우승을 한
드러낸 '박세리' 의 하얀 맨발,
굳은살 박인 '강수진' 의
그 관절과 휘어진 발가락
이 얼마나 오랜 자신과의 지난 삶의 역정이었으며
눈물겨운 흔적의 아름다운 모습이리

약냄새 때문에
신발을 벗어야하는 식당이 너무 싫은,
하루에도 수십 번 손을 씻어야했기에
피부보호 역할을 하는
피지가 남아나질 못하는,
방사선에서 손등에 각질이 벗겨져나가고 있는
외과 의사들의
보석 같은 모습들
진정, 아름다운 세상 돌봄이리

제 몸 불살이어
세상 빛 되리니
나의 세상, 아니 세상에 놓여 진 나의 의미

깊은 곳으로 몰리려는 흐름 같은 것으로
한줄기 바람처럼 스쳐가는 것 같지만
그 스침이기위한
얼마나 많은
질곡桎梏 같은 순리와 인내, 자신과의 사투死鬪이었으리

한줄기 바람엔
대기의 거대한 변화에서부터
상상할 수도 없는 힘의 연동連動 같은 움직임으로인 것처럼
그래서 자유와 온전한 고요, 산천초목이 살아 숨 쉬는
가장 아름다운 질서의
감미로움 엮인 선율적旋律的 하모니Harmony 같은
감동이고
기쁨이며
희열의 절정으로 맺혀진
그들의 예쁜 모습인 것을.

잡스가 남기고 간...

극적劇的 요소로 융합된 인문학人文學
기술 이전에 감동에서부터 인문학적인 과학이며 예술의 경지에서
또렷한 정체성이기를 갈망하듯
성공과 실패도
아픔과 그 치유도
개방과 소통, 공유의 집단성인 인류 첨단의 차원을
넘어서려는데 까지도
오직 예술성으로
아름다움 그 자체를 재발견 하려던 '스티브 잡스' 의 여운

그는
그도 세상에 태어난 한 인간이었건만
신으로부터 넘겨받은 부모 슬하여야 했던
그 품에서 부터도 버려졌었고
입양의 서러운 환경에서 유년을
학교 중퇴며
자신이 창업했던 회사에서마저도 퇴출당한
철저하게 버림받듯 힘겨운 벼랑으로 유영해온
아픔의 연속이었던 것을
실패를 수없이 극복해나가고서도 그 실패를 토대로
자신과의 처절한 고뇌의 삶으로 이겨낸
그러면 그럴수록 더욱 더 들짐승 같은 야생의 세계처럼

돌진하고
기막힌 반전反轉에 반전을 연속시켰던 그였던 것을

“사랑하는 사람을 찾듯이 사랑하는 일을 찾아라
실패의 위험을 감수하는 사람만이 진짜 예술가다
늘 갈망하고 바보처럼 도전하라
죽음은 삶이 만든 최고의 발명품이다
머무르지 마라, 다음 일을 생각하라
혁신은 리더와 추종자追從者를 구분하는 잣대다
혁신은 노력한 1000가지 일에 대해
‘아니오’ 라고 말하는 데서 나온다”
그의 금언金言은
구사일생으로 살아난
수많은 기업들의 창조적 혁신이었으며
현세의 인간 앞에 내세워진
우뚝 선 클라이맥스며 숨 막힐 것 같은
기쁨과 희망의 환호였었으리
집중성과 단순성으로
개방과 소통, 그리고 공유의 부르짖음은
언제나 그를 열광시켰고 혁신의 핵심으로 몰아갔으며
무선 인터넷과 개방형 콘텐츠는
집단성을 유도해 도약한 사실을
주목하지 않을 수 없는

이미 세상 사람들의 이야기가 된 것임을
오로지 소통. 분업. 교역의 기반으로
화려한 문명을 이룩한
20세기의
정보화 기술을 생활 속에 뿌리내리도록 만들어준
‘잡스’
음악과 미술의 혼란에서 빛을 잃어가고 있는 인문학이며
인종과 국가 간의 벽,
국경을 넘어선 음악의 탄생,
민주화에 흔들리는 반민주국의 열망이 충동 되는
융합,
참여,
소통의 광풍은
조심스런 선별의 정체성으로 안주해 가는
인류 공헌이었던 것을

세상을 뒤흔들 듯
한 세기를 물결치게 한 ‘잡스’
그도 여린 한 인간적인 사람이었기에 되돌아서
고뇌했을 것이다
자신에 대한,
숱한 괴로운 것들과 회의懷疑며
외로움과의 투쟁에서 남몰래 눈물도 흘렸을 것이다

변해야 하는 자신의 모습 앞에 비취는 거울
그 젊음이 망가져가던 순간, 순간을 두려워했을 것이다
아직도
더 살 수 있는 나이, 겨우 56세
숙명 앞에서는 그도 피할 수 없었던 운명의 모습이었을까
조용히, 독특한 은둔隱遁의 자세
소리 없이 떠나야했던
아름다운 이 세상이
그 순간은 한없이 부러웠고 아쉬웠을 것이다
아름다운 이 세상에다
못다 한 그 숱한 꿈들이 영상影像으로 된 채

'스티브 잡스'
그는 직관Intuition과 단순함Simplicity을 남기고
동양적인 불교사상에서 접근을 향유享有하려 했던
틀에 박힌 상자 밖으로 수없이 시도하려 했던
그런 모습으로
한 생을 후세에다 그려놓으려 했던
여운으로 회오리 되었을까.

한 알의 오롯한 씨앗

그를 말하면
누구나 기억 속에 남아있는 하나쯤의
좋은 이미지가 될 수 있는,
그의 이름을 말해보면
우리의 삶 속에 이미 깊숙이 공헌貢獻 된,
그가 살아생전
그의 모든 열정을 봉헌奉獻한
사회의 공유물共有物로 기억되는,
그런 사람 중의 한 사람인 모습이여

이미 반세기로 접어 들어가는 그때, 어느 날
영일만 허허벌판에 서서
안전모를 쓰고서 제철소 건설작업을 진두지휘陣頭指揮하던,
무철無鐵의 나라 대한민국을
세계 최고수준의 철 강국으로 끌어올린,
당시 세계은행이 한국의 산업구조상
외채 상환능력이 부족한 나라로 판정하고
건설 지원에서도 등을 돌리고 제 3국으로만 지원했던,
건설자금조달 극복의 어려움을
당시 국가원수國家元首인 동반자와의 불타는 정열적 집념을
보루堡壘로 하고서
그 집념을 바로 떠받았던 장본인의 추진력으로
오직, 그것 하나만인 빈주먹으로

불모의 땅에서 목숨까지라도 각오할 만큼
조국애의 사명감에서였던
산업의 쌀이라고 할 만큼 그렇게 불리는 철의 시대를
처음으로 그 영광스런 문턱을 내딛게 나타난 사람이여

철강의 획책劃策으로부터
자동차와 건설 산업 같은 중화학공업이 생성해갔고
중화학공업을 토대로 오늘날의 IT도 매료될 수 있었던,
신화의 기적을 일군,
무에서 유로, 모든 것이 하모니Harmony된 아름다운
한 인간의 업적 드라마Drama로서 산재散在해간
식어지지 않는 불굴의 집념
그 망망대해의 등대 같은 횃불로 불타던 삶이여
팔순을 넘기기까지 인류의 장엄한 멜로디로 휘황輝煌했던
'박태준',
그는 포항제철에 잔혹한 분신처럼 그의 일생을
마지막까지 불사른
실로 뜨겁게 달궈진 삶의 한 이삭으로 남겨져 떨어져나간
충실한 인류공헌의 종자로,
그 무궁한 옥토에서 원 없이 안겨
그렇게 온 몸이 스스로 삭아져가
새로운 싹으로 틔워낸 헌신적이고도, 오래토록
기억에서 면면히 이어져갈 영원한 생명이여.

산악 욕망의 함몰陷沒

거스를 수 없는 자연의 앞에 선
'욕망'
허용되지 못할 한계여
그 희열의 극치 앞에서 조롱하는 대자연,
끝이 없는 유혹의 모습으로 이끌려지는
신비롭고, 아름답고, 황홀한 유희적遊戲的 변화의
소용돌이며
흰 눈 덮인 고산高山의 무궁무진할 것 같은
처녀의 땅,
거기엔
숨 막히는 설렘이 곤두박질할 것 같은 인간의 나약함이
순식간에 함몰될지도 모를 그 위험 앞에서도
더 이상 아무것도 눈앞에 보이질 않는
오직, 가보고 싶은 새로운
생명의 약동
희망의 세계인 것을

험난한 고도 산맥을 부둥켜안고
한 발, 한 발
전진에서 또 더 전진을
눈앞에 보이는 저 고봉高峰의 모습이 아른거려
다가가지 않을 수 없는
최고의 높이에서 우뚝 서있는 산봉우리

반짝이는 최고의 정상을 어떻게 놓치랴!
불타는 열정, 바꿀 수 없는 의지
온 몸을 묶어버린 집념의
양보될 수 없는 욕정을 어떻게 포기하랴!

산악인의 고산 등정 목표,
등정주의登頂主義와 등로주의登路主義라고요
정상에 오르는 것이 최고의 목표인 것과
절벽과 어떤 고난도의 장벽에서도 물러서지 않는
새로운 길의 개척을 탐내는 '등정과 등로'
성취 때까지는 행복한 순간이었거늘
그러나 자칫
순응을 거스르는 대자연과의 마찰에선
변형의 관용마저도 용납되지 않는 함몰,
무참한 전복이라는 사실을

생명은
대자연의 섭리攝理로부터 부여된
궤도軌道에 따라 한 치의 양보도 있을 수 없는
왔다가 다시 되돌아가야 하는 모습인 것을,
한계이고 벗어날 수 없는
시간과 공간으로 점철된 한갓 먼지인 것을,

산악인의 꿈은 그런 시야에서만이 볼 수 있는
어쩌면 한 순간
예술적 향연饗宴 같은,
젊은 이상의 도전으로 끝없이 도약하려 하는
지상 최고의 아름다운 모습
그 아름다운 모습인 산봉우리의 동경憧憬이고
열애熱愛하듯
자연과의 불타는 짝사랑 같은,
식어지지 않는 젊음의 열정인 것을
함몰마저에서도 굴하지 않는
이글거리는 욕망인 것을.

아름다운 질주

의족義足
그래도 어스러지지 않을
사회 편견에 대한 저항과
결코 무너질 수 없는 자신만의 힘겨운 삶의 지축을
극이면 극으로 이겨내야만 했던
이 사회에서 살아남을 수 있는 최소한의 인간다운
그 이상도 그 이하도 더는 바라지 않는
소박한 자부심만은 버려지지는 않으리라는 희망이었기에
근육이 없는, 신경 하나 미치지 않는 의족의 절규에서
분노 같은 의욕으로, 자유롭게 움직여보려는, 수족 같이
지탱하며 일궈낸,
질주이었으리

2011년
세계육상선수권대회에서 있었던
눈물겨운 장애인의
그도 두 다리가 아닌 인조 의족인
탄소섬유 재료질로 만든 'J' 자형 모양의
길고 납작한 날 같은 의족 부착 장애인의
질주 도전이 있었으니,
자신의 장애를
장애인이라고
머리에서 의족 그 끝까지를 모두 그런 모습으로만

바라보는 이들로부터
날, 보라는 듯이 도전한 의족 달린 비정상인
'피스토리우스' 씨, 그는

양쪽 종아리뼈가 없는 상태로 세상에 빛을 보았고
생후 11개월째는
무릎 아래를 결국 절단하고 의족을 착용했으며
이로 인해
수많은 사람들의 의식에서 벗어날 수 없었던
처절한 아픔 때문에
결코 싸늘한 인간의 사각지대를 벗어나보려
그 힘겨운 사투로
그랬을까

할 수 있는,
비장애인이 할 수 있는 가능한 모든 걸 도전하려 했으며
이런 그를 한 번도 연민의 표정으로 보지 않았던
어머니의 그 사랑과 격려에서 용기를 잃지 않았고
'나와 형제들과의 다른 점이 있다면 단지 신발을 신을 때
나는 신발이 아닌 의족을 붙인다는 것뿐이다' 라고
상기시켜줬던, 그런 것으로만 생각하게 했으며
'피스토리우스' 의 용기는 결국

오늘날 감동의 드라마 같은
육상 남자 400m 결승에서
비장애인들과 나란히 경쟁을 해냈고
남자 1600m 계주에서도 당당히 해냈던
그래서 세계 육상 선수권 대회에서
사상 최초로 매달을 목에 건
장애인 선수가 되었으니
그 투지의 불탄 열정은
이 세상
어떤 경기와도 비교될 수 없는
눈물겹도록 아름다운 질주의 절정이었으리.

복서Boxer의 향기

'헝그리Hungry',
저돌적 공격,
전광석화電光石火 같은 레프트 훅Left Hook
1라운드 3분에 1분 휴식의 한 순간 천국
글러브Glove는 죽음 직전까지의 마지막 무기이었던 것을
그게 뭐기에 목숨을 건
살아남는 승자와 숨져가는 패자의
사각 링에서 구속되어야 했던 경기이었으리

그때 '홍수환' 선수는
네 번이나 다운이 되고서도 다시 일어나
상대를 'KO' 시킨
그리고 '엄마 나 챔피언 먹었어' 라고 외쳤던,
살아남았기에
그는 그렇게 힘겨운
땅이 꺼질 것 같았던 직립으로 허공을 찢을 듯이 소리쳤던,
두 손을 번쩍 들고
지금까지 이 세상에서 가장 사랑을 받았던 본능적 복받침을
그 목멘 소리로 멈마를
찾았을 것이다
복서의 열광, 바로 그 열광의 향기에 휩싸여

맨손으로 싸워야 하는,

'차디찬 사각 링의 기다림이 그토록 유혹하는,
사투死鬪!
배고픔이 부추긴 분노의 격정 같은
에둘러서라도 함께하고 싶었던
내 몫을 빼앗기지 않으려는 최소한의 자부심 같은
삶이였기에
상대를 눕히지 않으면
여지없이 두 번의 기회가 없는 젊음의
불타는,
긴박한,
숨이 멎을 듯한 격전의 승패 좌우에
온 몸이 터져나가는 격투의 마지막 순간 느끼는
희열喜悅!

그리고
그 향기는
링Ring을 넘쳐나고 관객을 덮치며
오롯이
명예와 통쾌한 승리의 행복감으로 영광스런
상처의 치유를 대신해야 했던
너무나 값진 것으로
매 3분, 3분마다 돌출시킨
복서의 향기여.

'새해 복 많이 받으세요'

새해, 새 아침
동녘의 장엄한 햇살이
대지를 안은 대양을 치밀고 솟았다
거대한 물보라에 휩싸인
붉은 빛이 튀는 파도 등 너머로
먹구름 같은
이글거리는 검붉은 구름 더미가 덮치고
사방은 소름끼치는
적막으로 겹 싸여
붉은 태양을 온 힘으로 맞이하려 버틴다
이, 아침

요란한 모습들이
지구 표면에서 그려져 가고
귀가 뚫릴 듯 부산한 몸짓들이 바스락거리며
고요를 감싸
한 치도 양보 없이 내면을 응시해 침묵으로 에워싼
그 중심부에서
다시 새로움이 제시되는
찬연한 시간의 차림으로 머물러 준 공간에 배려되어
소중한 모습들로부터
너와 내게 부여된
삶의 원천을 아스라이 알 수 있었던 것을

모든 것이 감사하고
새로움의 그 모든 걸 덤으로 안을 수 있는 풍성함을
위한, 세상
내겐 미리 넘칠 것을 염려해 드리옵기에
그 말 어떻게 해야할지 몰라
그냥 '새해 복 많이 받으세요.' 라고
아마도 이 뒤집힐 듯한
역동力動의
격변激變의 주춤거림에서 감히 그런 말로
조심스레 건네렵니다.

작 품 해 설

사랑의 심미적 가치와 낭만적 정감의 파장

문학박사, 시인 임 종 성

詩評

사랑의 심미적 가치와 낭만적 정감의 파장

임 종 성

삶을 끌고 가려면 지배하고 소유해야 힘이 생긴다. 남보다 크게 지배하는 영역을 넓히고 소유의 진폭을 깊이 확장해야 한다. 그러나 지배와 소유라는 두 바퀴는 부패를 조장한다. 시몬 베이유는 "지배는 더럽히는 것이다. 소유는 더럽히는 것이다"고 말한 바 있다. 더구나 사랑하는 일마저 지배와 소유라는 울타리에 묶여 자유롭지 못한 것이다.

현실의 삶은 그러나 시인에게 사랑은 순진무구한 세계를 지향한다. 서정시 속에 들어와 있는 사랑은 막연한 그리움과 기다림, 전혀 받지 않아도 아무 까닭 없이 가장 소중한 것을 주고 싶은 순수한 마음이다. 이러한 사랑의 단상에 연관시켜 곽현의 시인의 시집 「그리움 3」의 내면을 들여다보기로 한다.

그대여,
난 당신의 그 목전에서까지 다가 서렸다되돌아 왔다오
행여 당신이 날 알아차리고 슬퍼할까 봐
바로 뒤돌아보기도 전에 그랬어야 했던 것을,
당신을 슬프게 하지 않으려
나만이, 나만이 당신의 뒷모습만이라도 볼 수 있었기에
그 이상의
그 이상의 더는 욕심 부리지 않으려고 한 것마저도
부끄러움이 될 수 있었던가요

어느 동화 같은,
숱한 별들이 반짝이며 은하수를 이루고
달님을 맞을 준비로 법석이는
밤하늘의 눈부시고 강렬한 조명을 받으며 휘젓던
우렁찬 오케스트라,
그 숨 가쁜 격동에서 뒤흔들리는 나의 심장 같은 부르짖음
이었거늘
그 어디에서도 보이질 않는 그대 모습은
바로, 지금, 여기 있었던 것 같은 그 모습에서 사라지고 만,
하늘과 땅 그 모두에서 진동하는
애타는 그리움이었던 것을
사랑한다는 말, 사랑한다는 내 말에서 멀어져 버린
나의 사랑이여!
오, 나의 사랑이여!

「사랑한다는 말에서」 전문

이 시의 행간에서 화자는 직설적 언사를 드러낸다. 화자는 당신의 뒷모습을 보는 것만으로 자족할 수밖에 없는

정황을 〈나만이, 나만이 당신의 뒷모습이라도 볼 수 있었기에/ 그 이상의/ 그이상의 더는 욕심 부리지 않으려고 한 것마저도/ 부끄러움이 될 수 있었던가요〉라고 진술하고 있다. 시행이 다소 산문적 형태에 기댄다는 것은 개별적인 리듬이나 이미지보다 전체적인 의미를 강조하고 있다고 보아야 할 것이다. 그런데 성숙한 사랑은 세상이나 다른 사람과의 교감하는 마음을 가져야 한다.

평화의 초월적 가치,
온유와 겸손의 내적 침묵,
한 성자 프란체스코(추정 1182-1226)여

오직 평화의 도구로만이 원했던 성인
청빈과 화해의 메시지를
정결하듯
순명의 상징으로 온 지구상의 종교와 타협한
이 세상은 잠시 다녀가는 순례였던 것을

그런 한 순간의
영원한 단순한 아름다움이
실로 이웃을 위해 아낌없이 봉헌하는 삶의 모습으로
남겨진
모든 피조물의 형제에서
영성은 영원한 사랑으로 자리매김 된
아름다움 그 자체의 세상 빛으로 누벼진
삶이었던 것을

모든 것들의 상징

'당신께 평화를…'
섭렵하고 찬미하며

「사랑의 언덕」 전문

세상을 〈잠시 다녀간 순례〉로 이해하고 있는 화자는 〈일상의 단순한 아름다움이/ 실로 이웃을 위해 아낌없이 봉헌하는 삶의 모습으로/ 남겨진/ 모든 피조물의 형제〉로 드러낸다. 평생 온몸으로 사랑을 실천한 성자 프란체스코의 생애를 빌려 청빈, 청결, 순명, 평화, 찬미 같은 말들로 조명되는 사랑은 매우 고답적이다.

그만 덤으로 묻혀 버린
불러도, 불러도 대답 없는
나의 사람아
말없이 묻어본 해님 언저리애서 구름 품고
수없이 주문하는 바람의 모습처럼 이려니
그렇게
이 가슴 깊숙이 응어리진 할 말
그 모습으로 되었나, 돌이 된

또 그렇게 하루해가 가고
어느 새 어둠이 소리 없이 안겨져
오고 감이 서럽도록 버텨보건만
흩어져지지 않을 그 이름은 언제나 남겨져
먼 하늘 유성처럼 맴돌며 날 오라 손짓하네
그리움 때문에
그리움으로만 뒤덮인
말 못할 그 모습 때문에

「그리운 사람」 부분

화자에게 〈그만 덤으로 묻혀버린/ 불러도, 불러도 대답 없는/나의 사람〉은 사랑의 대상인 그리운 사람이다. 그래서 칼릴 지브란은 "인간은 오로지 사랑 안에서 사랑을 통하여, 그리고 사랑과 함께, 신에게 올라갈 수 있다"고 말한 바 있다. 누군가를 그리워하는 사람이 있다는 것은 지복에 가깝다.

작은 사랑에서부터 시작되는
아주 작은 마중물 같은 것에서부터 이었을 줄이야
원 없이 쏟아져 나오는 마중물의
신선한 충격!
드렸던 마중물에서 되돌아와 연이어지는 듯한

(중략)

언제나 먼저
마중물이 되어준다면
이 세상은
넘치는 사랑 말고는 더 아무것도 아니련만
마주 보고,
미소 짓고,
먼저 건네 보고,
먼저 다가갈 마중물 같은 마음 한쪽 편
그 작은 사랑이여
마중물 같은 참사랑이여

「마중물 같은 사랑」 부분

마중물이란 먼저 가서 뒤에 따라올 물을 기다리는 생기 넘치는 물이다. 그 물은 홀로 먼저 시작하고 나중에 여럿이서 함께 끝을 맺는다. 그래서 화자는 사랑을 적극적으로 현재화하고 〈드렸던 마중물에서 되돌아와 연이어지는 듯한/언제나 먼저/ 마중물이 되어준다면/ 이 세상은/ 넘치는 사랑 말고는 더 아무것〉도 아님을 단정적으로 말한다.

얼마나 망설이었는지
당신은 모를 거예요
그렇게 쉽게 떠날 수 있었던가요, 당신은
너무나
순간적이었고
꿈 같은 모든 일들이 순식간에 덮쳐와
나를 그만 감금하고 말았어요

아픔을 아픔으로 말하지 않으려
그녀의 뒷모습을 바라볼
그것도 조금이라도 더 볼 수 있는 데까지라도 보고 싶어
시야에서 멀어져가
점점 사라져 갈 때 까지만이라도
난 그 순간만이라도 있었다는 게 얼마나
얼마나 행복한 한 순간의
영원히 잊혀 지지 않을 모습이었는지요

이별이어야 할, 지금
지금의 아픔을 당신은 알 리가 없겠지요
내가, 당신을 사랑하고 있다는 걸 그때까지도

아마, 그때까지도 알 수 없었었을 테니까요

「이별이어야 할 지금」 부분

그러나 아무리 사랑하는 사람이 소중할지라도 이별의 고통을 감내하는 일은 적지 않다. 사랑이 깊고 아름다운 것일수록 이별이 수반하는 고통은 큰 것이다. 〈꿈 같은 모든 일들이 순식간에 덮쳐와/ 나를 그만 감금하고 말았어요〉의 문맥 속에 깃든 당혹감은 감당하기 어려울 지경이다. 〈조금이라도 더 볼 수 있는 데까지라도 보고 싶어/ 시야에서 멀어져가〉에서 보이듯 너무나 절실하고 애련 깊은 정감을 삭이기 어렵다. 이러한 사랑의 궁극적 경지는 시와 무관하지 않다.

시는 양과 음을 겸비한 극과 극의 결정적 표출로
영원히 남겨질 예술의 본질일 것이다

피어나는 한 송이 꽃의 오묘한 모습을
집중적으로, 그도 닿을 듯이 가까이까지
아니, 스치며 짜릿한 촉감이 내 온몸으로 전율해 오는
그런
싱그러운 시어의 맵시로
각각 제자리에서
어떤 형태의 덧 받침으로 버티며 웅크리고 있는
아름다운 조화의 한몫으로 아우른 일치감일 것이다.

「멋진 시는」 부분

한 편의 시는

한 송이 문득 나타난 구름,
원하는 대로 바람 따라 떠돌며
세상 온갖 기쁨과 슬픔들의 모습 앞에서 간습하려 하는
영역도 위치도 다 버려두고
제 몸, 모두 그렇게 버리고서

조용히
안으로, 안으로만 불러들여서 달래려 하는
아무도 모를
신비로운 상비약이다.

「한 편의 시는」 부분

나는 새에게 푸른 하늘이 자랑이고 원수이듯, 물고기에게 강이나 바다가 자랑이고 원수이듯, 시인에게 시는 자랑이며 원수이다. 이렇게 한 편의 시는 많은 비유를 낳는다.

이를테면 산그늘이 시의 표지라면 유구히 흐르는 강과 비탈에 서 있는 나무들은 시의 어휘라 할 수 있을 것이다. 나무의 뿌리에서 줄기까지 오르내리는 물줄기 소리는 시의 울림이고, 가지가 피워 올린 꽃은 시의 빛깔이라 할 수 있을 것이다. 과원의 이랑 끝에 선 저녁 해가 시의 문맥을 읽고 있을 때, 바람이 시집을 펴면 행간속에 별들의 향기가 스며들어 나란히 앉아 있는 글자들이 부스스 잠을 깨는 것이다.

이러한 시는 현실적으로는 아무 것에도 쓸모가 없는 것이 사실이다. 그러나 이 시의 화자에게는 정신적 외상을 다스리는 〈신비로운 상비약〉이 되기도 한다.

들꽃
뜰악에선 살 수 없데요
너무 여리고
너무 연약해, 그리고
그 향기 거둬둘 수 없어
오가는 길손에겐 벗이기 위해서 이고
스치는 바람결엔 그도 자유롭게 날려지고 싶어서 이고
뭇 곤충과의 하모니 되고 싶어서이기 때문이예요
들꽃은
깃이 된 날개가 되고
구름이 되고 바람이 되어 멀리 멀리
그리운 사람께로 어디든 날아가선
안겨지고 싶어지기
때문이예요……

「거둬둘 수 없는 들꽃」 부분

들꽃이 향기를 거둬들일 수 없는 것은 〈스치는 바람결엔 그도 자유롭게 날려지고 싶어서이고/ 뭇 곤충과의 하모니 되고 싶어서이기 때문이예요〉라는 행간에서 드러나듯 기능적으로 작용하고 있다. 들꽃의 빛깔과 향기는 한 편의 시이면서 고운 노래이다.

노래되어
그림같이 윤곽부터 드러내어가고
그 안에 가만히
흰색부터 검은 색까지로
그 가운데는 더러 보랏빛과 분홍빛과
연초록빛으로 채워가다

실정 나가듯
짙은 갈색으로 또렷한 형태가 되어가도록
그 형태가
금세 뛰쳐나올 것 같은 움직임으로 될 것 같은 그런
그림 같은 노래되어 지리라

세상 모두를 품어 가듯

(중략)

깃털하나 갖지 못한 나신으로 부끄러울 것 없는 허공을
유성처럼 떠돌리라.

「노래되어」 부분

노래하는 눈으로 창을 열고 내다보면, 하늘의 별을 떠올릴 수 있다. 노래하는 마음이 깊어지면 새들이 품은 겨울 꿈 같은 것은 신비하지도 않다. 노래하는 마음으로 〈세상 무두를 품어가듯〉 세상 모든 추운 알몸들이 꽃의 향기를 날린다는 것을 예상하기 어렵지 않다.

시인은 말을 잘 쓰고 말로 삶을 승화시키는 사람이다. 물이나 불보다 더 말을 많이 사용하며 사는 것이다. 그러므로 말을 잘 닦아 쓰고 가야 한다. 말은 칼에 비유되지 않고 화살에 비유한다. 한 번 쓰고 나면 어딘가에 박혀 다시는 돌아오지 않기 때문이다. 특히 시에 들어와 있는 말은 늘 새로 씌어지는 경전의 첫 문장의 그렇게 신선하고 경이로운 것이다. 사랑이라는 말을 시 전체의 지배적 소재로 구사하여 미적 구조를 갖춘 곽현의 시인의 「그리움3」의 사랑시는 문밖의 무한을 열고, 또 환하게 열어 보여준다. 바람, 구름, 잠 못 드는 밤의 열기, 초록의 우주를 품으려 한다. 인간의 가장 보편적 심상을 드러낸다는 점에서 매우 중요한 가치를 지닌다. 사랑의 시는 메마른 사람의 정서에 신선한 물기를 대어주고, 인간에 대한 따뜻한 그리움을 안겨준다. 다소 직설적이고, 진술적이며, 단순한 언사가 차용되어 있는 것은 그만큼 순수한 사랑이 넘치는 감수성의 촉발이 아닌가 한다.

그리움 3

곽현의 詩人 세번째 시집

인쇄일_ 2012년 3월 15일
발행일_ 2012년 3월 20일

지은이_ 곽현의
펴낸이_ 최경식
펴낸곳_ 도서출판 청옥문학사
디자인_ 파미디자인
인쇄처_ 선은종합인쇄

등록번호_ 제10-11-05호
주 소_ 부산시 금정구 명서로 94, 101-411
E-mail _ kyu500@hanmail.net (출판사)

ISBN ISBN 978-89-964443-5-0
값_ 10,000원